AF350858

Introducing PuzzleWhiz: Your Weekly Brain Boost!

Are you ready to supercharge your brain, sharpen your mind, and have a blast doing it? Welcome to **PuzzleWhiz**, your ultimate companion for weekly mental challenges that are as fun as they are brain-boosting! Designed to keep your mind sharp and entertained, PuzzleWhiz is the perfect way to unwind while giving your cognitive skills a serious workout.

Why Choose PuzzleWhiz?

- **Fresh Challenges Every Week:** Each issue of PuzzleWhiz Word Search is packed with a new set of thrilling puzzles, No two weeks are the same, keeping you on your toes with fresh challenges designed to engage and excite.

- **Scientifically Proven Brain Benefits:** Did you know that solving puzzles regularly can improve memory, enhance problem-solving skills, and even boost IQ? PuzzleWhiz offers a fun and engaging way to keep your brain active, with puzzles that are scientifically proven to benefit mental health.

- **Perfect for All Ages:** Whether you're 8 or 80, PuzzleWhiz is designed to challenge and delight every puzzle enthusiast. It's the perfect way to spend quality time with family or enjoy some well-deserved "me time."

- **Stay Ahead with Monthly and Yearly Subscriptions:** Don't miss a single issue! Subscribe monthly and get 4 exciting issues delivered straight to your door—or go all-in with our **Yearly Bundle** of 52 issues, including a special edition that you can't find anywhere else!

- **Exclusive Special Editions:** Our annual subscribers receive a **Special Edition** packed with bonus puzzles, expert tips, and exclusive content that takes your puzzle-solving skills to the next level. This edition alone is worth the price of admission!

Your Subscription Options:

1. **Weekly Thrills:** Grab your PuzzleWhiz every week and enjoy fresh, exciting puzzles that will keep your brain buzzing.

2. **Monthly Bundle of 4:** Save more and stay ahead of the game! Get a bundle of 4 issues delivered each month, ensuring you never miss a week of mental fun.

3. **Yearly Subscription with Special Edition:** The ultimate package for puzzle enthusiasts! Get 52 weeks of PuzzleWhiz plus a collectible special edition that celebrates the very best of brain challenges with exclusive puzzles, brain-boosting tips, and more.

Don't Just Play—Train Your Brain with PuzzleWhiz!

With PuzzleWhiz, every week is a new opportunity to challenge your mind, improve your cognitive skills, and have a blast doing it. Our puzzles aren't just games—they're brain workouts designed to keep you sharp, focused, and ready for anything life throws your way.

Why PuzzleWhiz and What does it offer?

PuzzleWhiz isn't just another puzzle book—it's your gateway to a world of endless mental challenges, creativity, and fun. Whether you're a seasoned puzzle solver or just looking for a way to keep your mind sharp, PuzzleWhiz is crafted to be the perfect companion for everyone.

Here's why PuzzleWhiz is the best choice: Puzzles are more than just a pastime; they are powerful tools that challenge and stimulate the human mind. From word games to number challenges, puzzles engage cognitive functions, enhance problem-solving skills, and boost mental agility. Research shows that engaging in puzzles can improve brain function, memory, and even delay cognitive decline, making them invaluable for people of all ages. Below, we explore a variety of puzzles and their specific benefits to the human mind and life.

Word Search

A word search is a puzzle that requires players to find hidden words in a grid of letters. Words can appear horizontally, vertically, or diagonally.

Word searches are simple, yet addictive. There's nothing quite like the thrill of spotting a tricky word hidden in plain sight! From quick 5-minute puzzles to deeper, more challenging hunts, this book will take you on a journey through themed words you'll love. Grab your favorite pen or pencil—let's get started!

Importance: Word searches improve pattern recognition, vocabulary, and spelling skills. They also enhance visual scanning and focus, which are critical skills in everyday tasks. Studies have shown that word search puzzles activate the brain's language and memory areas, contributing to cognitive resilience (Smith, 2020).

Tips to Tackle Word Search Puzzles Like a Pro

Here are some tried-and-true tips to help you master these puzzles:

1. **Give the Grid a Quick Look:** Skim the puzzle first to see if any words jump out right away. It's a good way to get the momentum going.

2. **Start with Unique Letters:** Words with unusual letters—like X, Z, or Q—are easier to spot. Zero in on those first.

3. **Think in All Directions:** Words can run vertically, horizontally, diagonally, or even backward. Stay flexible!

4. **Mark as You Go:** Cross out words once you find them—it keeps things neat and avoids confusion.

5. **Use the Word List for Hints:** If you're stuck, go back to the word list to break it down. Look for starting letters or clusters.

6. **Take Breaks if Needed:** Don't get frustrated, sometimes stepping away and coming back with fresh eyes makes all the difference.

7. **Watch for Overlaps:** Keep an eye out, some puzzles are sneaky with words sharing letters!

Why Word Search Puzzles Are Amazing for You

Solving word searches isn't just fun, it's actually great for your brain and well-being!

- **Builds a Better Vocabulary:** You'll learn new words and strengthen your spelling without even realizing it.

- **Improves Focus and Attention:** Word searches train your brain to focus, ignore distractions, and stay on task.

- **Strengthens Pattern Recognition:** Spotting patterns in puzzles carries over to real-life problem-solving skills.

- **Relieves Stress:** There's something incredibly relaxing about getting lost in a good puzzle—it's like meditation!

- **Keeps Your Brain Sharp:** Word searches keep your mind active and may help prevent memory loss over time.

- **Encourages Quick Thinking:** The more puzzles you do, the faster your brain gets at finding solutions.

- **Brings People Together:** Whether you're competing or collaborating, solving puzzles with others makes for great bonding moments.

This book isn't just about finding words—it's about finding joy, challenge, and a sense of accomplishment. Each puzzle offers a mini-adventure, and with every word you find, you're training your brain to think sharper and faster. So what are you waiting for? Dive in, enjoy the hunt, and watch those words come alive!

Happy puzzling!

Subscribe today and become part of the PuzzleWhiz community! Weekly excitement, monthly bundles, and yearly specials await. Don't miss out—your brain will thank you!

References

- Smith, A. (2020). The Impact of Word Search Puzzles on Cognitive Function. *Memory and Language Journal*

SUBSCRIBE

PUZZLEWHIZ

Name:

____

Address:

____

____

Postcode: __________   Phone: ________________

Email: __________________

Subscription

Weekly ☐   Monthly ☐   Yearly ☐

Please fill the form and send it by email to:
PuzzleWhizPub@gmail.com

Payment Information will be sent to your email and phone.

Puzzle # 1

```
T E M L E H G A T H E R I N G S J V O T T V E
S H Z Z S O F W O U A D L N B O Y O N G N R V
T I T E A M W O R K D J T O Q H X E O X N Y R
S U Y F Y J A P W G R E V R J J R D Y I U X Z
I R E L A Y M T I M M X F Y A R P L A W M A N
L K B H H H Q G F C M A E E C O K V Q O O R
A Q L E N Z C F N I I P R T N T E C Z O L I H
I B G I Y Z A I O Y R A E S O S H E W M K M E
C I L V R B L S L P F D O S H Y E H S N Q R Q
E E J M O Y I H S Q P J C H M A D C Y S I A Y
P C P R A D B P R C G J V E S T L S K J W K J
S X Q R S D E X X X A S T R V M P S P O M R X
W T T N P Z R P Y Z O M E I B M D O D T E O W
E S I Z F R B U B C P X N F B F R R Y B H D B
R U J N V X O W J G M K T F I P F C I A T E I
W R M J G N U W K V G Q O Y K G B F E R A H S
S S E N T I W H L X L M B I K T Z H Q Z P J T
M N O I T I D A R T G N I P Y T O E R E T S K
```

LAWMAN	TEAMWORK	RIFT
STEREOTYPING	MARSHAL	TRACE
RELAY	DETERRENT	SHERIFF
FIBER	WITNESS	CALIBER
PROWL	CROSSCHECK	STING
TRADITION	STRAY	SPECIALIST
SCAM	SHARE	DEFENSE
HELMET	BOTNET	GATHERINGS

```
X T H P A I C Q R R D A Y A Q G K V F J B S U
O C L A U E P A U T H E N T I C A T E C R O F
W N J T V C K Y K R I W S R J X R E C O R D Y
R I F D T I I B H M T S J A F D J A R U P J V
G C T O F T G I W H E F W Q G R F T T N T S M
H E K W K S M O B F U E D E H L S B R W N E I
Q R G N O U J M Z O C L H J E V R R D A E C T
K P J L C J Y E R G S C B E P P E E N L P U R
C N A M L O R T A P E A Q E H H T A O D S R Y
P Y W R Y G E R A R R T G L G C U K M E Y I J
E C R R Z D U I P D L S B A U Y M T V E P T L
R T S E G G Q C S G C B E T I B M H M D L Y L
I L Z Y V D R J M I Z O Z S H E O R Z A G W B
M T C B L A F A N N W T X W E T C O P N A E R
E R E V O C R E D N U A C W U M R U H M T K B
T T F W H H I B J I T R A C K I N G B Z F X L
E C K L Q L L I R D N D F J U E V H I F U F Y
R Q J E T T D U Z S Z G X M H D Y E M C Q T K
```

RESCUE	COMMUTERS	QUERY
UNDERCOVER	FORCE	DRILL
BREAKTHROUGH	TRAP	PATROLMAN
GRADING	AUTHENTICATE	STALE
SWEEP	BRAVERY	RECORD
JUSTICE	PERIMETER	OBSTACLE
FLEE	BIOMETRIC	PRECINCT
SECURITY	PATDOWN	TRACKING

Puzzle # 3

```
B B S D G K P X Y X Q M C J T R V L E D I H K
S Q U G T B L R G Q M W D M E L B O R P U E L
O O B I A N J I N E X A B U J K K Y J H I S A
Y T S F I M Z I A V K X G N S J Y H Q H B A T
M N T H A R U E R I I V Y I V A C U J J Y P G
V E A J C M H Y A T S I V F S S T W Y P G P X
D M N A Z P I G E O T O T W O T C R T E F R Y
N E C O C D N L G M C P N B K D R B O E G O R
O C E S P Z G H Y L S F Y K R X V A E F C A Q
E R J S P A Y B E M E R G E N C Y A T V I C S
C O D I W Z E W T C W T X O U N P R A E N H S
Y F H E N V F W H I A Z F T I O H P R D S N O
F N C W R W E I V R E T N I F B Q P B B I G N
W E Q U B P P Z N O I T A I C O S S A P G U M
Z M U Z A V A Q T N E M Y O L P E D E Z H T A
I L I S X Q Z J P E T F W G E F C R M D T P T
Z H T Z I U E E C R O S S C H E C K B L C A A
E L Q W S Q U N F A I R Y Q F R L M K G P Q D
```

ORDER

BOSCH

ASSOCIATION

SNIPER

MOTIVE

EMERGENCY

APPROACH

PROBLEM

DUST

MAGISTRATE

ENFORCEMENT

INTERVIEW

GEAR

SUBSTANCE

UNFAIR

FORTAS

LIAISON

WEAPON

FAMILY

INSIGHT

DATA

DEPLOYMENT

CROSSCHECK

PAST

Puzzle # 4

```
T I O N X J S O L I D A R I T Y X B A M J D E
N S M S O X Y M E P U F K L P D V X X R N V C
O C F N O I L S C O N C E A L M E N T E W G N
E R G O J Q T K J M K Y T T N Z F Q V G K U A
J X Y S U N A C D M S Q U N B H D D A R F R L
B H N S I K P A U C C B O D S X F N E O E D L
A V J E L K E C O R V I Y K D G I G U F D T I
P P L L C V S U I O T L R S I K N U I O V V E
R P A R K S T M B A Q S W Z M V E K Q X H Y V
O T F I W S E Y R J D X N P E R I M E T E R R
T J C E M B G E M S P C L I P P D R C Z J T U
E A C I O N P K G Q X E U F W H O D U N I T S
C W T A F O I U I G G I B J D L N K T J X R E
T T R N X P F J B O V S X V J H X K A R G R R
O D E N A L K C O U N S E L G J I E W T A B R
R Q Y W Z Z X G R I D L O C K T L G K H G C H
S H O V H G M O J M S B G B H P T Y S Q I L K
R E N O S C R R E V O L V E R V S A C C X Q C
```

SURVEILLANCE	LESSONS	CRIMEBOARD
CONCEALMENT	FORGER	INSTRUCTION
OPERATION	DRUG	SCOUT
SOLIDARITY	FINE	COUNSEL
PERIMETER	PROTECTORS	GRIDLOCK
REVOLVER	PARKS	HOUND
TRACK	PLEA	LANE
WHODUNIT	SWIFT	SHARE

Puzzle # 5

```
Z D P Z C V I S A F E T Y J P Y P S V S F Y D
X Z P D T A D P P R E S E R V A T I O N E O Q
V I K Q D P O Z I Q J Q F H P J U X Q E C K W
D M C Z E S X G B Y S S E L E R I T F L D L U
N F M A I F N I Y V A L U E S L H L C Z V J P
O M S T K I F N F A S T E R I W I J A Z U S M
I G I L D L I V T I N U D O H W G C N U A D N
Y O W A R T J O X T M S I C A R P S O M I Q H
N A R U U X O L N M M E N W Q J U T K P Z V S
E G U R U H W V F P U V F C Q Q Z A A I T O D
B K C N S R S E L T Y R Y T R K Z M U R D E R
U S E C R O F N I E R E T N W W L R S Z Y L R
L S G O E R U C E S U W X W M M E N B F R A M
D Z T B W X M X J L I S C T D I P D E T E C T
R E V O C R E D N U O F Q Y V L D Q V B M G D
J O C N J T S Z Y C H A N D B O O K O Z U W D
M U C I D Y M Z B B B Q R W C F U K F T A W G P
K G N I T O O H S J Q P Q N A M H C T A W D B
```

WATCHMAN	PUZZLE	MUZZLE
UNDERCOVER	TIRELESS	WHODUNIT
INVOLVE	MURDER	HANDBOOK
SCRUTINY	SWERVE	POSITION
GRADING	SECURE	FASTER
SHOOT	SHOOTING	REINFORCE
HELICOPTER	RACISM	SAFETY
DETECT	PRESERVATION	VALUES

Puzzle # 6

```
Z A O A E E B Y D D F W O P B L R T C W W S H
D T B W D G G E S Y M I W L W Z B E Q C V Y E
V E H C U N E H F D S R H A U S T X T W Y G O
Z Q S U C X W G E C Q X A C S B U K D S Z A B
Y U O M A W R N H R F T Y E A A O B C R O S E
P I C Y T A B E V O Q C K M B A C H O O C R D
L P Q I E E D P Y D T A N E I S S R M U A P I
U M I J S U B L T O L T A N V O E X M Y D R E
V E E N L N E N F Y E N H T B L N T I N J E N
S N A E O M E L P O Z O X H I I O R T A U E C
X T U F X D E R R N J C X F G D I A M P D M E
N E I Y E E U N O P Q Z O G E A T C E M I P E
J F S C D L O K O F N R I R C R C K N O C T W
D F E A B M T H V X P B A M H I A I T C A I J
O R M M H Z O C R E A W N L C T R N A C T V H
P H G T T C V S N F Y R O L N Y T G T A O E B
M P C X O D R O X P P W T E W S X J N V R Q U
C X T N B E G B S Z B R A B Z F E N F P X Q X
```

<table>
<tr><td>PROFILER</td><td>COMMITMENT</td><td>CONTACT</td></tr>
<tr><td>FOYLE</td><td>ADJUDICATOR</td><td>ROSTER</td></tr>
<tr><td>CHASE</td><td>BOSCH</td><td>SCOUT</td></tr>
<tr><td>FORENSIC</td><td>FLEE</td><td>SPYWARE</td></tr>
<tr><td>EDUCATE</td><td>EQUIPMENT</td><td>ACCOMPANY</td></tr>
<tr><td>PRECEDENT</td><td>SCHEDULE</td><td>EXTRACTION</td></tr>
<tr><td>PLACEMENT</td><td>PREEMPTIVE</td><td>SOLIDARITY</td></tr>
<tr><td>OBEDIENCE</td><td>MONROE</td><td>TRACKING</td></tr>
</table>

Puzzle # 7

CAPTAIN	SLEEPING	TURMOIL
INQUIRE	MEDIATOR	PROTECTORS
CENSUS	FIREWALL	STRANGERS
HUNCH	REMOVAL	CRISIS
TRAINEE	BIOLOGY	POSE
POSITION	PRACTICE	FLASHBANG
RETAIN	FIREARM	REGIMENT
PROBING	MARLOW	FOCUS

```
S X R K O G L D E J M O I N S P E C T O R S V
A E E S Z U U A J M E L E Y P P J Z O P Q E P
A Y L R C J G B E Q U I P M E N T K A L X Z X
Y E I K E I X V U S S D N L F C O R O N E R P
Q W F U F V S X Y O F E Z F I K O Y Z M S N F
A R O K Y H U N Q U W M I M N P U T E S M L U
Q F R P U Q C A E B J S F R R F W V S H A R E
N G P V S Q V R X R A O V Y O M W I K E C C C
T M S W Q Y T J A S O B O M U T E C R Z F T Y
N E I G H B O U R E D F C N N A S T T V S O L
F F R C H A S E S T S J A M D X Z I H Y S E M
Z A S S P Y W A R E W E L I U B J M Y T N K V
X T I Z H L D M A P B I R Y P U D K L D H A P
J H F P A P F J C O R P O R A L A M U G Y H E
Z O T N J X Y D P I R L Q W M I Y R Y A Y J P
L M S B A T P E V Q N C A D E T E Y U W N T L
B K Y A E T A R T L I F N I V Z U B A D G E C
Y P P Y M K C A R T C G H L A N W J W C Y Q I
```

BADGE	VICTIM	CHASE
LANSKY	CADET	FATHOM
TRACK	SIFT	CORPORAL
FORENSICS	SETUP	SPYWARE
INSPECTOR	EQUIPMENT	RESEARCH
SHARE	CORONER	VOCAL
ROUNDUP	STORIES	PROFILER
NEIGHBOUR	INFILTRATE	ENDURE

```
U H Z V S Q T J T W W C O M M A N D Z A C J U
I G M P W L V D S U P E R V I S O R B P I J B
Y N H A E Z E E W J F C I S B R V H W Y N P E
C I R R L J N K K L I A K N O N Y Q N U T E F
S T E T F S I P T T R J T E W N G T R H E A B
R E D Y A Z L A P N E Q A S E Y O Q Y W G C M
Q E A J R T P R P N W M I Y F O L D O L R E Y
M L C X E Q I U S J A V P M A Z O E F A I K O
Q F T N T S C C V N L H O N T E I D U S T E S
T M M O K F S Y F B L F G I W G B L N Q Y E A
W S P I J H I I K P L H B D J Z D M E S Q P X
Q D V S A O D R P U D N U O R S B Z U A D E U
H I G U C O N O I T C E T O R P P R Z Q D R N
R B O R U R A U T H O R I T Y N V O K I E B P
E T X T B S I F D V F J W N E E W D T O J R E
N E D N G F T S B M W I C X Y W K G V R O Z K
D E Y I L P E N I A F D D D I V X A K I B W F X
V M L V O V X A X S J M E L B O R P E Z Q R N
```

AUTHORITY	SURVEY	BIOLOGY
SPOT	DISCIPLINE	PROTECTION
RIFT	ROUNDUP	INTEGRITY
LEAD	WELFARE	INTRUSION
SUPERVISOR	PROBE	PROBLEM
FIREWALL	COMMAND	REDACT
PARTY	CRISIS	PEACEKEEPER
FLEETING	MEET	RISK

Puzzle # 10


```
X T K L T Y Y T F N Y J W N N E X L B J Q U D
Z I J P R D P K R Q G M A L V Y V E Q Z P Y G
D Q X W F I C K E W A X L X G B S E T T B B D
H V E O G I M X D R O T N E V E A G T M L L J
Q N B L U E G G N C O M M I T M E N T E H O S
I F K Q C A E K E O X M Q L Z B R K I R R V V
T L M V D R C F F S Q X X A N P W X G M O A K
P S P D Z U Y R F M K A V O K L U G W K S A N
Y L I E V R U S O S T A B M O C X Z O Q X J E
T C E E V D L S G B W G N I D O C N A S L T I
T Q L B I Q B U N P B V U O L X U P K E B H H
Q V A H A L Y F T A K N O I S U R T N I I K Z
O F T C R I D D L E R J B L O O D H X G Z V O
P S S R J B O A I G D E Y R U J N I H D V R E
M S U A B W R W B I C F Y T I R A D I L O S S
L U Z E G N S P A D E O M R D C O M P L A I N
E F S S S Y M R Z W Y X L S M I L E Y M D F O
I K A C A D E M I A S R N D W J I Z N K Z X G
```

VETERAN	ACADEMIA	EVENT
STALE	SEARCH	BLOOD
LAW	ADDICT	COMBAT
CODING	SURVEIL	INTRUSION
SOLIDARITY	RAID	SMILEY
OFFENDER	COMMITMENT	QUICK
SPADE	COMPLAIN	RIDDLE
SNARE	COLD	INJURY

Puzzle # 11

MARSHAL	TRAFFIC	RERUN
CATALOGUE	CYCLIST	INSPECTION
ORGANIZE	SPADE	RECRUIT
BULLET	VEHICLE	DEALER
VICTIMOLOGIST	LABWORK	STEALTH
FATIGUE	PURSUER	FIND
AMBUSH	TRADITION	HIGHWAY
COLLAR	MARK	BRIEF

Puzzle # 12


```
G A A H B W Q C I C P E K V U U Q W I R L C I
Z H A S Z M C D D O B E H A V I O R A C L P O
Q M V W T A U O S A L T R R C O E W O L A R R
H J R E R R O R J D O D C S B Z B U D R M E D
N P G Y A E Y F N E I L U A Z P R R L Q A V E
N A M W A L O I P H Q X E D N S D B B B H O R
O W M F J C W M X K V V P R E E J F I T G C K
I Q S O N S E I R D G H T S A T E O C S N R E
T T T J W D Z C A I D O Z O O E B R C U I E E
N C A U A E L P V T T G X Y A M G I N E M D P
E I T E A H C K G W Q N D T V L H X V P A N E
V V U M I J X I U Q M S A Q V T Q D R V R U R
E I T S J P K G L H C T S T E I I G C F F K E
R L E C R J M I M O L V E T A C I N U M M O C
P I M G L M J M U C P E U L K B F A R N M S Q
B A Q U E E R O N O H I L S Z U M F N G X T Y
Z N W S R E G N A R T S Q J F O G O B H U Z Y
C Z V A P Y F I T S E T V K H Y S E C D Y U U
```

POLICEWOMAN	ETHICS	PREVENTION
FRAMINGHAM	LAWMAN	COURSES
ERROR	COMMUNICATE	CIVILIAN
BLUE	REENACT	BEHAVIOR
ORDERKEEPER	QUEER	UNDERCOVER
RELOAD	COMBATANT	ENIGMA
SWINDLE	PLEA	STRANGERS
TESTIFY	ZODIAC	STATUTE

```
I Z I N S P E C T I O N E H F M M C E R R V J
K N I M G N I M Q Z Y E X S K N M Z H V R N L
L S C H O O L S T X B A O L U N M Z H D L E G
L W Y M L Q V L E U J U K I U A Z A C K Z O I
Y N O I S S E R P M I Z T A K K L G Y V A Q S
R T E D A C U A Q Z Q N N I V A R C Y Z K H Z
N N E V A L U A T O R H P S S T N R L W C X D
F A W B N O I T A R E P O O C A E I L C E N C
F M F O S A K N C S T O U N T D T V I N H P O
I U G T Z Q Y R T E S U X D A Q E R H P C T U
N H U N R E I E N G U N Z R L Q I R O P S T W
S Y A E M W L T Y D L E M Y H I E F J F S U I
Q T R T Y L O I N A C O S V U I X Q K H O V N
E A D Y U Q Z D J B C R E P E E K R E D R O Y
Y B Y B Q T G U O P E R A T I O N D Q M C L M
Z M Y T F J M A B D L O F O W T V Y T Y O A W
M O Q J K C K O F A V J R I V G P E I W L R L
O C Q E S X U A P Z K X U H P U G J B Y T Y X
```

POLICE LINE - DO NOT CROSS POLICE LINE - DO NOT CROSS

BADGE	INSPECTION	OPERATION
AUDIT	CADET	COOPERATION
HUMAN	CLUSTER	ORDERKEEPER
COMRADERY	TWOFOLD	FORTAS
GUARD	SOLVE	SNIFF
BOTNET	COMBAT	IMPRESSION
SCHOOLS	BULLETS	EVALUATOR
CROSSCHECK	LIAISON	CLAUSE

Puzzle # 14

```
E D V R E F O J P Q R P F A C R S F K M T E D
M E K V Z T N C N R V X Y V N X E N Q U N N N
I T R G Q A A I T N A T A B M O C P S I P G E
T A N B A T Y O E E O T I N U N B V E X Q R T
L I X O A R S W C T H N M Y S X U N O E K N T
A N H L L Y H E T X U A G I I Z O Z P X L Z A
E J O C I E U G O L A T A C Q W G H T A D B I
R G B T R A D O N A M S A U N D E R C O V E R
T R K T U U R P L T N U Z T N X Y C Z V E L B
A T E L L U B L W L O E N Q S D E B M E N D Q
P M O U Z M I R H V I Z E F C L D F O Q H O Z
M I H N C A H F D E T G N B A A Y M O C S C H
O R B X N S P D F S A C E B S I P S Y M Y U G
C R O C E M E X D R L E C I H A R T M I X N E
S O E T H I W R D R O C S A D J G E A L P N E
R R H G S Y K P U Y I R P S P P P R W U I O W Z
Y Q E C R P N B D Q V O Z F S T A L E S N U V
U B C Y C L I S T Q V F E T A G I T S E V N I
```

FORCE	SCENE	VIOLATION
CATALOGUE	RESCUER	CATALOG
ATTEND	STALE	CYCLIST
BULLET	BLEEPER	STATUTE
CAPTAIN	DETAIN	MIRROR
UNFAIR	COMBATANT	UNIT
INVESTIGATE	REALTIME	COMPAT
EMBED	UNDERCOVER	ALLIANCE

Puzzle # 15

```
F I G D M J G K B L L M T O R N L S N I F F P
P P Q O O E T A C I T N E H T U A E N F P D K
S I L S T E R E O T Y P I N G E Z C J Z R V T
W V E R T D Q R U E U V G N C P R N E A E N K
S Q C E F E H H V P R E T E X T S A A N N I S
U H Z G S T I K W K F R P Q H W Y T Y A O A U
K T O G J E J P N A M H C T A W I S S L I L U
Z O T O X R Q T W O F O L D M P Z B D Y S P B
V I R J T R C V J Y V R I W K A P U B S S M X
O S N D L E X N M R E C M G A R Y S I T I O W
D N P S F N Z Q E H U C H R O L O O K L M C N
H X S S P T C A P A T F P S B N U L Y M M J K
E N N U I E T I T F B K E S T T P W E T O I D
A D V O O F C F V S C C T J R P X E D S C W T
W N A X Q E F T O R U Q I E J H T M L A C K W
E U L C D L G Y M T H D A C U I W Y H R R O J
P D H A W W A G O H G C J Y N H X X X W O S X
Y I Y Q K T Y R Z O H T F G Z R E B N B J K O
```


WATCHMAN	SUBSTANCE	OUTREACH
STEREOTYPING	COMMISSIONER	TORN
MEETING	DETERRENT	ANALYST
DUST	LAW	SHOOT
CLUE	TWOFOLD	INSPECT
PROSECUTOR	DECIPHER	SNIFF
PRETEXTS	COMPLAIN	AUTHENTICATE
JOGGER	CALM	GPS

```
W E E R Z S D J V X Y B L D Z R K H B E R Q D
Y A R E S O A K S G C V K V M D D A T U J G M
A X U D B B M H T B S T E R E O T Y P I N G Z
A U T N U I K T R P R E C E D E N T H P R D W
M K C E R N S C E T B S E C I V E D N G U F Y
Y A E H V O Q Q E X Y E P F W Z F E E U S G Z
K G L E N I I A T C L T V P N D E G R N H H E
Z E O R A S U H T U E L S H Y R E D R P Y Z T
N R G P M I J B D J D X J O F I D A O O D C A
T A X P O C H E S A H V K T B L L B R W O T R
F W E A W E H M I J Y J J O R L A W L D T Y T
X M Y D L R G D X E A L G O R I T H M E S C S
S O G R O P E Q T U H Z U W M C T Y C R U M I
D S W O R M W X T V E H I C L E Z A V M C B G
W N L C T I H U B Y G Y S Y A W D A E H N O A
L A N E A F J D N X P G Y I L T B K A L D S M
K R E R P R Y V R N B L D N A K Z P L I R J W
M Y W U X C W N T Q Y U U Z D K T P K S P L M
```

BADGE	DRILL	PRECISION
RANSOMWARE	CUSTODY	LECTURE
VEHICLE	STEREOTYPING	PATROLWOMAN
SLEUTH	ERROR	PRECEDENT
MAGISTRATE	PHOTO	RUSH
MEDIA	APPREHENDER	RECORD
HEADWAY	DEVICES	STREET
GUNPOWDER	BUNDY	ALGORITHM

Puzzle # 17

```
R E P E E K W A L M T Y E Y M E Q P B I B G G
L H R U O B H G I E N W A T S V A I A V E S F
L V E R T H R G A L K B Z E A J J C O T Q S O
S R D P I H S R E D A E L W O C R X P C R R H
T I S I V H A F E I R B S N R A S Y H B K O A
F A X V A A O L Q R E H C T A P S I D F G O L
A R S D A S V C O A C H F P U R H Y F U C B G
Q C O U N T D O W N S P U T E S I C E N G P I
N N T R G E B O D L Y X S K T A B Y A V O N Z
D C C N L N Q I N H F A U U T X T T H E A C A
A Z S D E E M I U U F L Y A W H G I H R R L I
R S A J J V A B F E V O H A N D P R I N T B E
K J C D D L E R T F G B L L H U G A R Q W M K
W U I Y P Q B Y E I L M Z H Q G V D L S O I B
E P Y M Y W V A Y Y A Y J N W E Q I C E Y R O
B S O H F C F U S E J S P E C I A L I S T R P
Z C P A O F F C S X O Z H Z R B V O U O U O R
N B X W S S A P R E D N U Z H W M S S E D R R
```


DISPATCHER	SOLIDARITY	UNDERPASS
SETUP	LAWKEEPER	SAFETY
VISIT	COUNTDOWN	PATROL
SYMBOL	NEIGHBOUR	CONFISCATE
HIGHWAY	HANDPRINT	EVENT
DARKWEB	COACH	SPECIALIST
HASTEN	COMPLAIN	LEADERSHIP
BREACH	MIRROR	BRIEF

Puzzle # 18

```
E Q O J S I M P S O N O I T U B I R T S I D J
E Z K J Z R N Z O J H K P T L H N A K Z T E J
N S B X S D R O Y J P Z S L R H R Q R I S R M
I V X V D N E D C U M H O Z I A M I U O F Z H
A X H B R O T F K O S Q A Y K O I R Y H U T Q
R V J Y D I T G O P O D X U D F C N W Z Y T A
T D R N L T A B Z T N P I Q T E A R E G L M E
E N A P S A P E E U E T E G R H O Z A R U E J
K N C K C T S T O A I K Y R L I O L T L P T U
T N B N H S A H I E T J R U A S B R J K L R D
W R A N O I T A I C O S S A N T W E I P N O A
G K T R G K Y E S O X Z K P J F I A E T B M C
C R O S S C H E C K R E U A I T A O S K Y T Q
K X G B T M H E B I T C M Q T B P I N K L S U
U S Q T A D R Q E K V A O E H O A C R V M O R
Q V L T I U S R U P S R G N Q N O H Q E Q P W
Z Y R A Q X D J C H W B E P W M Y Q R F C S V
Y I A K G K M A R S H A L S T A C T I C A L P
```

AUTHORITY	RECRUIT	COOPERATION
PURSUIT	SERVICE	BEAT
HOUND	POSTMORTEM	RANK
SPAN	PATTERN	OJSIMPSON
STATION	ROUTE	CROSSCHECK
DISTRIBUTION	TRAINER	TRAINEE
COLLAR	BRACE	MARSHAL
TACTICAL	ASSOCIATION	UNFAIR

Puzzle # 19

```
D J O F Y I I P I Y R I U Q N I C D F P O H S
E V R R D P X P S M I L E Y K B X B U A P R P
K M R E V O C R E D N U N G T S R R O A E I H
P A N E S O G E E S P H A F T D D A G H R A Q
M U D B D B Y L D A C Y H P A K O T N T L F N
X V F N O A Z P N Q I W I R D F K D N H S A S
M I S P R T F A R C W A L G A T H E R I N G S
T T P H S O O D T R O P E R P Z X N A Z S W Q
J U C Z Y W E D P A M R E G I M E N T T E S M
E I X U K Y L L A R F N V R Y I P I R T S C N
N G M P M I W K I S F O T A Q W O L E R R I F
S N A I D R A U G C V I R L L K Q A B T U S A
P T A R B Y D N U B F T T U A F S L Y J O N T
A A Y M A N D A T E S C R C N A N O C D C E I
X L G B V Q R A T I Q N H E S M I R W G Y R G
W C I E P M V W O V U U S L K H F N M O F O U
N P U A N R E Y Y P A J O O Y A F J T W K F E
T F K I S T N G P G D J F M E R P B I O C F M
```

<table>
<tr><td>GUARDIAN</td><td>COURSES</td><td>MOLECULAR</td></tr>
<tr><td>LANSKY</td><td>SQUAD</td><td>INQUIRY</td></tr>
<tr><td>RODS</td><td>FRAUD</td><td>LAWCRAFT</td></tr>
<tr><td>FORENSICS</td><td>UNDERCOVER</td><td>MANDATE</td></tr>
<tr><td>AGENT</td><td>REPORT</td><td>ALIAS</td></tr>
<tr><td>FATIGUE</td><td>JUNCTION</td><td>SNIFF</td></tr>
<tr><td>BUNDY</td><td>CYBER</td><td>REGIMENT</td></tr>
<tr><td>RALLY</td><td>SMILEY</td><td>GATHERINGS</td></tr>
</table>

Puzzle # 20

LEADER	COURSES	TACTICS
INFORMANT	LAWKEEPER	DELVE
HITMAN	PENETRATE	PROTECT
CRIME	SPEED	ALIAS
VENDORS	XRAY	SPOT
FOYLE	BUSTLE	DATABASE
GUNFIRE	OFFENDER	COACH
RAID	RODS	COURT

```
H O B W B W N E C I L P M O C C A S G K E S M
T Y Y Q V O E U S S I T E L S Q Y O Q J H Z Y
E Z E P E I E H S Y R H C B A G I G N Z M A N
M O O S R Q J E O T A K N N U W T H G I N K O
T C V N A I D R A U G W A N E S C R U T I N Y
F A Z O H M K L H S A R L X G L J L L Z Y A S
Y Y G T S G E R P D S H L C R I M E W A R E D
Y V I O P E D Z S H J C I B Z T Q N K F H R W
D R A O B E M I R C O R E D E D I C A T I O N
X N L H C S U F F U U A V R H P H N Y L D V V
T U O E K A T S G V R E R Z H O L X Y M D T U
M I M W G L J A M X N S U J X T N Y Q M R G S
R E D N A M M O C C E G S J L K A O Y G A B J
D F R Y M L H J C L Y H M B C J Y W R X L F I
U L H G T K Q N C P A T H O L O G Y W U B V I
F I R I R U S K I C O N S T A B L E E T O U R
R H J G Y F D B D A N N C T X D L O F O W T G
R O S I V R E P U S Y Y N A P M O C C A W Y G
```

DUTY	SURVEILLANCE	BLUE
ACCOMPANY	HONOR	COMMANDER
SCRUTINY	STAKEOUT	KNIGHT
SEARCH	CRIMEWARE	TISSUE
GUARDIAN	TOUR	CRIMEBOARD
PATHOLOGY	CONSTABLE	JOURNEY
TWOFOLD	METH	SUPERVISOR
DEDICATION	ACCOMPLICE	SHARE

Puzzle # 22

```
W X F M B P Z G S L A G I E N W S M U G G L E
R M B B P R O C E S S H F N O K B I P O T O H
E C N E I D E B O C S M T L S R O K L R U I Q
C B E Z Y I R A G I P W G T A T W U R B O H N
O O T D E M W K Z Q C S N C N S R Y M F S W T
N U I K H G F S S B R C I F D S A U J W S C L
N N B K G W I Q S V I S U H U N C H C P Z S Z
E T E L Z Z U P E N M A T Q Q K B E B T C J J
C Y C X V C V C L C E E H S R Y L H W V O L I
T S L P R W B E E Y W D Q S G T N T N I P R N
I Z A I T A I V R T A O E G S E C I T S U J S
A G S O O B Y I I X R B U U L D R H H X U E Z
E T S B Q O O D T C E I B O T S F J Y Y C N S
T O E O E Q N E K P D V F B P V B H P N V I P
O C S A P A Y N R E D R O R V V V N C M B E P
N J F N L U T C D V J N M S S K Q V D Q M Y P
T Z Q Y S O T E H C O O R D E D I C A T I O N
L T G H H I N T R U S I O N X U L H Q B L Z D
```

ORDER	BUSTLE	HUNCH
PROCESS	BOUNTY	CLASSES
XRAY	DEA	BEAT
INSTRUCTORS	CRIMEWARE	SMUGGLE
TIRELESS	DEDICATION	OBEDIENCE
INTRUSION	PROWL	EVIDENCE
BITE	JUSTICE	GUIDE
PUZZLE	CONNECT	RACISM

LAWMAN
OPIOIDS
FLOW
WATCHFUL
BEAT
FIREARM
RESEARCH
NEUTRALIZE

BOOTCAMP
LIEUTENANT
RANSOMWARE
RUSH
ENIGMA
LANE
THREAT
PRETEXTS

DETECT
ENDURANCE
DETECTIVE
STEREOTYPING
HEADWAY
HOSTAGE
TRAIL
REALTIME

Puzzle # 24

CADET	LECTURE	EMBED
ACCURACY	CIVILIAN	SACRIFICIAL
PROBING	PLEA	CONSULTANT
HOUND	STUDY	TRAUMA
COMMANDER	BENCH	PLACEMENT
INJURY	ROAM	HANDPRINT
RODS	TRACKING	SECTOR
HANDLER	MANSON	INCIDENT

INTEGRITY	QUERY	COMMUTER
NIGHTSTALKER	TERRAIN	FOLDER
MIRROR	MONROE	STREET
TEAM	CROSS	TALK
LANE	BANG	INTERROGATE
ADJUDICATION	PEDESTRIAN	TASKFORCE
PATHOLOGY	PREEMPTIVE	SCENARIO
STUN	KITS	VIOLENCE

Puzzle # 26

J D P B Z D R Z T E B V A D E Z T G N K B L J
A R S N I G H T S T A L K E R S Z M T W C S Z
L Y Y X R E I S S O D C S Q T U O D R M Y K N
N R E S O L U T I O N V E R X E B L A W G R X
O U O I J G D C A L L F E D Q L C K N B E H X
I A P S N V Y Y L Q E E X V O R B H S C E H A
T D N J K V Q J Z W T C A R T E L M P I D E N
A U Z Q Y G E A W D K T Z I Y I F J O I N Q O
T L O D T Z F N T D E K R E B M U Y R I C Y I
S H B D U V Y L T B L Y T O B S U R T P E B T
I S N H D S U P P O R T I J H X E S C A V M P
P I H S R E D A E L R W I I R N E C S E Y U U
C A T A L O G U E W K Y E Q A D D F W M R S R
H A N S S T R A U M A L A L N L E B E J U N R
D E T U W D K U P Y D D C A Z M P S E T W V O
U F L K I U Y A V V A N L U Q I M W P U C B C
V O J P F S E J B U R C A D M G K U Z D P K W
Z W N H T T X T W A Z Q R R E D A E L G F K O

DUTY	STREET	DUST
INVENTORY	SHIELD	LANE
HELP	NIGHTSTALKER	STATION
LEADERSHIP	SWIFT	CARTEL
LEADER	SUPPORT	CLANDESTINE
TRAUMA	RECRUIT	DOSSIER
CATALOGUE	CORRUPTION	SWEEP
RESOLUTION	TRANSPORT	CALL

Puzzle # 27

OFFICER	SHOOTING	ACCUMULATE
INVESTIGATE	CRIMINOLOGY	VICTIM
SIGNAL	OJSIMPSON	ADVOCATE
ELUCIDATE	BYLAW	DARKWEB
ESCORT	HUNT	VEER
PACIFY	WORKOUTS	INQUIRY
HELP	TRAUMA	COMBAT
SCENE	ESCAPE	SATELLITE

Puzzle # 28

```
V E C D N R G J R E H R P S M M Y G R F G G E
U V I G G T I E V F B L O P R R M Y N J Z T B
G A O R W I B O E N A A S P V E L A Y I U R S
R J C I L Y V R X E M Z Y I E W A E T B D U I
Q R Z E C Q I N S M S X L R K Y L L A C S O G
V N D V N J N O S P M I S J O I L J T N H E C
M F D A M N U M D X K M A H M V X I E I S Z M
Y B U N Y L B X W F E E K S F Q H C M Q M Y L
F U M C V Z S Y U T N H J R S E E J N M V E E
B K J E P G B C H D G P H P I S L S E A U A N
Q X L D Y M Q Z R C A K E S B G I S I N S U W
R O A O C G I F E U Q G G R A I C B G D T T V
N V A H X J X S L K T G P V N X O L H Z O H X
L Y E R F L K O G Z I I F K N I P U B Y R O P
Q W G L Z H R M R O D I N D A R T Z O T I R J
H E I N S I G H T G I G K I C X E D R H E I J
G L O V E P S Q K A I D E M Z O R M S B S T C
M Q G M U R T C E P S G O T L E L Q M I C Y U
```


AUTHORITY	GLOVE	SEAL
INSIGHT	NEIGHBORS	RAID
OJSIMPSON	GRIEVANCE	DORM
HELICOPTER	SMILEY	MEDIA
DNA	SCRUTINIZE	MONROE
CYBER	MATCH	CENSUS
CANNABIS	REALTIME	CODING
SPECTRUM	METH	STORIES

Puzzle # 29

LAWKEEPER	CLASSROOM	FATHOM
HASTEN	SPAN	SOLIDARITY
PATTERN	MOLECULAR	GUIDE
COOPERATION	SAMPLE	POSE
SECTOR	SECURITY	GLOVE
HARPER	KITCHEN	PATRIOTS
GEAR	ACCUSATIONS	REGIMENT
SNOOP	OBEDIENCE	TRACKING

Puzzle # 30

NARCOTICS	CATALOG	EDUCATOR
PRETEXTS	LIEUTENANT	ARMOR
VEHICLE	STEALTH	SERGEANT
TEAM	TRACK	MAGNUM
EXAMINER	GUARDRAIL	TRAJECTOR
CYBERCRIME	LOYALTY	TOLL
TURMOIL	STATUTE	COMMUNITY
PREVENTION	METHOD	THREAT

Puzzle # 31

```
P R M P I M P R E S S I O N E M T V Q R O X U
B J E W S Q L W X V S K C P O L P K J V Q H D
V J W T B B H I G H W A Y K M A N A F N A Y I
Q D V O H Y Q Q I V D Y M L E C O K T A P J M
V A G U Z G S R N U Q G Z R K U I T L D B M M
S V S E H L I P Z X X K X R K W T W A A O F X
T R E V I D B F O P R I D E V E C D H A A W W
A B W M N R R C E T Y O X N U Q E S S D U V N
C P U C X Z K W D M U V J P V A R Q R D C H R
O R V V E G C P M W I A J G T U I S A I L W O
Y O T A P M O C J I G R O E H A D C M C O J T
Y C Y A F S L Q E T B V C C I G I R Y T T M U
M E E F I S B N I N E V I T P M E E R P H D C
H N S Z E M C B R E S P F F W X D A W W I E E
E I S X M R K Q Q S R O V E R W A T C H N H S
B N O S C I S J V S P V T E L D D I R G G N O
D A P B A E A J S A D V B I N E M I C E P S R
M C I L O J D E P R I V A T I O N K L W J O P
```

MARSHAL	PRIDE	CANINECORP
ADDICT	CRIMEFIGHTER	RIDDLE
DIVERT	CALM	POSSE
SPECIMEN	BLOCK	AIM
HIGHWAY	AUTOPSY	DIRECTION
PROSECUTOR	COMPAT	CLOTHING
PATDOWN	PREEMPTIVE	DEPRIVATION
IMPRESSION	WITNESS	OVERWATCH

Puzzle # 32


```
P V V Z Z Q W Y W J H R C K U J S D E T H R Q
R N W G C T F F T H V M E E J W W Z I G A F T
O W D O T I N Z Y R Z D S T K F E T U T A T S
T R L E T E Y T B Z O I G H S T W P B X C S N
E D X S J S T K W D S S O C O I V M T I G H U
C N E U O L I K H N A T E S R D N Y I S R U M
T T W G B O R W L G F R K O U P I A N B E D Q
O E J G H R O R G L E I C B F C B R B Q E P O
R V G U L T H B E I G B T O C R O K X W N T B
S J E R T A T F F W U U F N N K G O I W Q R R
L I G G A P U U F K A T G B E S W U S O Z A E
G J A E A T A S T B R I Y U V M U V I K U C F
B M N T W M V U K S D O E L Z N Y L X D U K K
T A O A V X U I A R O N Z L J U T O T A E I Y
N M I D I Q M A A G W R S E E K G G L A U N X
K Q P N H C A O R P P A F T V R S B B P N G K
W Q S A S F A M V T T U V H S W W G X W E T J
A X E M C O N F I S C A T E N N M T B A Y D K
```

AUTHORITY	PROTECTORS	ESPIONAGE
DISTRIBUTION	CONSULTANT	TESTIFY
GREEN	CONFISCATE	SAFEGUARD
BULLET	FROST	MANDATE
SEEK	TARGET	BOSCH
STATUTE	GUIDE	DEPLOYMENT
BANISTER	TRAUMA	PATROLS
APPROACH	COLD	TRACKING

Puzzle # 33

```
V I Q T T S C R U T I N Y L E A D E R L R Q B
X U D S P S Z F N B K Z C B A N D J Y O V R J
A E W P J D A Y D Z O L I X M F R N A B G O V
E J D O S U A P R A L B R T Z Z A L A M X U M
G H T T N T S R V Z P C S R L O T P Y P T F
A M A U S Z U C E S P Z U C E M B W X S T I B
T E E E A D G K N H A Z L E C X E U N M N N C
S P H N T N E P O A X K A N O W M W N H A E Y
O E S A I C K S I D T A T A N W I V R S T R
H V P D I N J P S O P H E R N R R N O I L P K
N J O K K O A M S W A E W I O F C V W K U J Y
P C F A N Q G C I W Q Y P O I H O V S G S P Q
E M I T L A E R M P E D E S T R I A N L N W D
Q O A H J L J U M N U P T X E Z R A B Q O A M
N O I T C E L L O C R I N X R L V C A R C A U
O S U R V E I L C G T G N A B H S A L F J Y H
T J O X R B G M J V I V J O E F O A L E R T Z
L E U C R P M G K S A Y N W V Q G H M D Z Y L
```

LEADER	PEDESTRIAN	CODING
JAM	SWORN	SCENARIO
CRIMEBOARD	SPOT	COMMISSIONER
SYMBOL	HOSTAGE	SURVEIL
CONSULTANT	SHADOW	FLASHBANG
REALTIME	RECONNOITER	SCRUTINY
CANINE	ROUTINES	CIRCULATE
COLLECTION	ALERT	PAST

Puzzle # 34

W E B C E Z E T L N O A H I T N Q S Y K K Q N
M K I N M D A S H C D W E T K A N T X Y P M M
N Z A F O A L L E Y R E L T Y G N B D Q P N S
O L H C Y K C U T Q A I T Z A E L C I H E V A
E E Q U Q G R V Y A O P M R S D C M Y X R H Y
A R M C Y Y A E R P B R G E O A I G R M G C U
N D I W V N T C I M E U P B K P M C R I A Z S
A O X F N B E A U U M Q P O Q I P B U R J H Q
S B L M N J O R Q Y I U P D F C T U U L O F Q
K K X S J U S B N E R C G Y C X B C S S E S U
T E W V R I G Q I E C D W C A F C D M N H P B
I F C A G J F S D O R D V A L A M I H L U G K
F S P N X A D N L L D J S M L P J B Y Y B Y S
A I A M Y J O U S L O O H C S N G U X C C P L
D L M T M P M Y G T O X I C O L O G Y C S R R
J R P P S B H G F T N R E V A S E F I L Q H Y
L W D K O T I Q I A U H D Q P I Z U V A I U P
R Y X O N R X J B U F V A T V W J J B J I W I

LIFESAVER	CRIMEKIT	VEHICLE
ACCURACY	ALLEY	CRIMEBOARD
GUNFIRE	BRACE	LANE
CRATE	TOXICOLOGY	UNSUPPORTED
CODE	SIGNAL	RODS
BODYCAM	ELUCIDATE	SCHOOLS
AMBUSH	GPS	INQUIRY
RAPID	COLUMBO	CALL

Puzzle # 35

BADGE	EXAMINE	NEIGHBORHOOD
PROCESS	SCOUT	HAIR
CONNECT	INSIGHT	TOUR
ACCUMULATE	SWERVE	ORDINANCE
SCENARIO	MUZZLE	SPOT
JUSTICE	FAMILY	SNARE
SURVEIL	ROUTINES	RIDDLE
RERUN	CENSUS	NARRATIVES

Puzzle # 36

```
X N I J C D N E I R F T N A T A B M O C P G R
T M V T T F R F P U R S U E R V Z H B X R T E
N E F Q O W N O F E M S I C A R H Q F A E P T
O T L R H H W E I P O J T G S N G L Z M D K S
S H D X P B X P I Q C R I D E N T I T Y I E I
P U U W Z D Q S D L U A N Y N D D S I J C N N
M M K V J H C F O U G B C O Z K T S Y F T F A
I S I M U L A T I O N K O S M K Q E P Z I O B
S J M L B Z H G A E H S K F N H R G N R V R Q
J E R N O I T P Y R C N E W P E S R P E E C K
O G E G N P X T E E P Y W U S S V E Z U R E E
V Z C G A Y R S J C N L Y O E E W S W C G R R
T Z O J F C F V J A J H L C D A S S T O K E R
H D N S A M I X O R R U O O M S X S D Z N W H
N A S C U L U S M T T R C J L Q T X Z O Y U C
T T Q E W Q X V L I P S T J I C F J R K T E B
L A P F D E T R O P P U S N U N Z O O C W H V
U M T C Q J J N N O I T I S O P C S K X U H J
```

ENFORCER	CODE	FRIEND
METH	CORONER	TRACE
DATA	ENCRYPTION	COMBATANT
IDENTITY	PROCESS	POSITION
PURSUER	RESOLUTION	OJSIMPSON
UNSUPPORTED	RECON	CLOTHING
MONROE	RACISM	SIMULATION
EGRESS	BANISTER	PREDICTIVE

Puzzle # 37

DISPATCHER	QUERY	INVESTIGATE
SHOOT	LAWKEEPER	MICROSCOPE
METHOD	STAND	WATCHMAN
HANDPRINT	FORTAS	TRIBUNAL
PROWL	HOSTAGE	MURDER
HUMOR	SUSPECT	CANINECORP
ADDICT	OVERWATCH	HOLMES
LAW	SERVERS	RETURN

Puzzle # 38


```
X R S A M B F H A B E C F O D L O S I C S X N
M M E V C G V S Q M R C I I Y T K D G E L N A
W M N T P B T U K Z A E Y R A C X W L E P Z M
C O O S X L M B D E W E V B C A O F K S T G O
P G Z Q C H S M Y S T F O R B U D D B R M X W
B I T T P M I A W F F N S T E E L I I A R L E
N T H I N S P E C T O R M I F S R A T E R J C
O Z P S W E R H H W S Z W E H K B R T H H C I
I H G O N Y Y C G K K A N D K O K O Q E A U L
T V L O U A R R K S F S R O O M X I D R S U O
C F E L V A I B Z G E R K I W O R K O U T S P
U R A O M E D D N N K D E B M E H I R G P A U
D B G C V L D E R H E C A R T M A S Y C K N B
E N D A I Y L E U A L A F S P L E Q I A K D K
S O N M F O D Q C T U U W C J E X I T Y E Q L
A C H Y X F W U P O V G B L K U M V H C W N O
E Y I X W J N O S B D C X Z R H A W Z C F N R
R J U D I C I A L P I E A C C U M U L A T E P
```

POLICEWOMAN	SELFDEFENSE	OBSERVER
FOYLE	INSPECTOR	GUARDIANSHIP
EMBED	SEDUCTION	SEEK
TRACE	FLOW	GRIEVANCE
CIRCULATE	DECODE	ZONES
JUDICIAL	MARCH	ACCUMULATE
AMBUSH	SOFTWARE	WORKOUTS
REHEARSE	DIXMOOR	GPS

Puzzle # 39


```
I A K G C U L F P R O G R A M C H A P L A I N
J F H N L E Y K I R E T M X B U N L Z H S Z R
A X H E P L S P H B E N Y G N I K R O W T E N
R E M L Z R O H S L U D H C B T J V E U R F N
E X D U L N O T A P N N A Y N R E N I M A X E
I H U C U I T B F M Y M Y E O E Y W W W T D R
R U E I M N H N I L U W S P L M G V W W V E J J
R P E D T J O A F N F A A E M R P R U C G E L
A Y I A Y U B V D Y G Y R R G L Z B E G Y T R
B I Z T W R J C P Z U O D T E I I W X M H M P
R U R E S Y J O E N M B Y T E T O F Q G E F N
O Z Z N V M U F R N E E R U H I V Z I B D B I
P R E C I N C T N G E D G O A G G N S S L N V
M Y P O J J O Q U W Y I Y U C A K F Z O M B V
J R E V R E S B O M T E R N K T W Q C F R J B
Y H H H A A Z W P A D N D V E E C K E E F E K
T B E S U R E C F F W C T E R R A I N J A D Z
B Z I R Z N S N P R Y E T F C W X S N K M I R
```

KNIGHT	STRATEGY	PROBING
SPYWARE	LEADER	NETWORKING
TOLL	LITIGATE	EXAMINER
BARRIER	PROGRAM	EMERGENCY
CHAPLAIN	ELUCIDATE	BLOCK
FATIGUE	TERRAIN	OBSERVER
RUSE	TRAUMA	PRECINCT
OBEDIENCE	HACKER	INJURY

```
L V Y H X W B K X Z W A V Q U L W E P M R P N
L Z W T B K I N E T I C F H E V Q T Q Q J N N
T T R N D E V L O S N U Q V L F T A Y X E H G
D N G E R S V Z H A N D B O O K Q R C Y J Y L
V E Q M U K F L O A D C J T G J M C C H R E Z
R M G E K E T N C R U Y C A R B I T R A T O R
E E Y C E T V Q A H O A Y C N E G R E M E D V
G C U R E C R Z R P N Q V V D V O M W I K R F
W A V O T H M B S E P H X S U R V E Y N P H J
E L O F E W I Y E E R M W P L B X M W Y T U I
J P S N Z H C R P P E J A P R O S E C U T O R
H Z N E S T R M B T N E T U T A T S E R U B A
L Q P R S I O N R E O W C V G D Y L J W O R K
W C F X H U S Y F N R O H I T P S F W W L M Z
N T I H V S C L K T O I M E R R E I K T I F I
P Q B P O R O T T O C O A N S R A Y A R X K U
V C E E X U P H M B V C N Y L T T Q G A G X Z
G Z R O G P E V X K T A S I T T S C H O O L S
```

<table>
<tr><td>WATCHMAN</td><td>SLEUTH</td><td>CRATE</td></tr>
<tr><td>ENFORCEMENT</td><td>CORONER</td><td>FIBER</td></tr>
<tr><td>SCHOOLS</td><td>BOTNET</td><td>ARBITRATOR</td></tr>
<tr><td>SKETCH</td><td>WORK</td><td>LOAD</td></tr>
<tr><td>SURVEY</td><td>XRAY</td><td>PURSUIT</td></tr>
<tr><td>PROSECUTOR</td><td>HANDBOOK</td><td>MICROSCOPE</td></tr>
<tr><td>REENACT</td><td>STATUTE</td><td>UNSOLVED</td></tr>
<tr><td>KINETIC</td><td>PLACEMENT</td><td>EMERGENCY</td></tr>
</table>

Puzzle # 41

```
I U W V C D R N M V J F R E V V D M O H U R T
K G O H H M O E M C R E S E A R C H U F H S L
Y T I R U C E S S Y T L P H Y S I C A L I X C
J N K C P N O I T P Y R C N E E J P Q B T P Q
O E B H Y W B O J Q O G V V B Y L T J H M L M
M J W E J A A R E L E N J V E X Z L R Q A G W
X X Y M S H R L X P D E S B S I H Y A A N H P
B I X I O B S E R V E R C E I N E T R S U E G
N M X S M X F S S E R G N I U V O I T H U M E
S P E T A R R L I S B F U M R E H N G C D W A
E P W R D O E I M Z W Y M O C S E U S R R K L
E V U Y U S C D A K R W C X R T C E A P P Z S
K E X J F K O A N Q O X A I I I R U W B T I K
E S B A I B R W X A O K A U G G G V Z S R F B
Y T S M U Y D D I T M R T O U A L L V E Z Q M
F Q H B G O C H N J X M L E E T R F N V H K E
P Z M O O S H R H I I D O Y O E N R E T T A P
Y H E N S N O Z R E D J N C L U X P M C I Y E
```

RESCUE	PHYSICAL	HITMAN
DIXMOOR	COMMANDER	UNITY
OBSERVER	ENCRYPTION	SEEK
SECURITY	INGRESS	CYBERLAW
GUARD	PATTERN	SIREN
RESPONSE	CRUISE	RECORD
INVESTIGATE	TRAUMA	ALLEY
CHEMISTRY	RESEARCH	ETHOS

Puzzle # 42

SERGEANT	ELITE	DATA
GOVERNANCE	PURSUER	DETECT
ARREST	UNSUPPORTED	QUEST
CANINECORP	POSITION	RACISM
REVISIT	RALLY	OFFENDER
ROUTINES	SUBURB	HASTEN
INSIGHT	STORIES	SNOOP
COUNTDOWN	LEGISLATION	ALLIANCE

Q J P K G N I N I A R T D A N O I T A L E R T
Z O Y M T N I R P E O H S I Y Y E E U Y U Z A
Y X K U E T O O X T P S I E K M C M N V S D C
L N P F Q P V I E S M N R F N S X Z T A Z U F
K L F C V J E D X U L O W R A T S Z F R L S X
O L I E D C P A G Y T G K A C R R E F J E P N
S T H G I R M G C A J M A N C E N Y T N R G L
U W M V R J L L C C M T H K U T O V S I O K L
U Q R P L E E I V D I X Q Z M U O O K Y N E F
Y E S X G H D A N E I D Q Y U R R P U X K E X
S U U E Y U X S G C J X E H L N M L N E W S Y
G T K Y J G V A K O O B D N A H P Q P A O X M
A S R D W J T X M D E S F T T G T N E G A A P
B U A N O S U Q T E U W M J E M R R E V R P H
L R D F O D K A F J S S K E T C H G L C O B L
O T Q H F A K J T G S U A V E B N A I Z R O F
C W K C O C Q P H F I O E Q I L Y V M Q T M Y
K I N C J Z I M F B T G T O L L A C I E A O Q

SERVICE	HANDBOOK	ACCUMULATE
TISSUE	RANK	TRAINING
ENTRY	SMUGGLE	AGENT
TRUST	HOSTAGE	RIGHTS
ADJUDICATOR	DECODE	ACCIDENT
SENSOR	SEEK	SKETCH
BLOCK	CALL	LANE
SHOEPRINT	RELATION	RETURN

Puzzle # 44

DEPARTMENT	HUNCH	PURSUIT
HACKER	HOMICIDE	SNIPER
VEHICLE	FRAUD	BOUNTY
REINFORCE	SPIN	TRIGGER
SWEEP	TASKFORCE	QUESTION
AIM	SCHEDULE	ATTEND
DATA	MEDIA	COMMUNITY
FRIEND	DILLINGER	BAR

Puzzle # 45

```
M F X R N A B X W Q W R U F T K Z Z J V S K D
B T R L T N O V K H A T H N Z A B L E E P E R
Q P G F J V V U E F L D E M U G V M J V Y E K
S C I T C A T M F G R M U M M C L J X N F J I
J C P J O H H O S E T M I N Q U I R Y I G T I
R E F F I N S N N I Z X Y Y I U G A T H E R P
E J A L W I I I M T P A T R I O T S S G I V P
I E P G K F A M X M M J U M K X D K X N T X L
O X T E F R O C O K Z I E L T E R K C I U Q A
A T C D T C M G O Z R S C S D A S Y Z T Z I C
K R N N E M Y X M G O S Q R P D X T O O C E E
Q A U L J K V R T L T E H Q O Z D L D O I D M
E C Q E O L T P A G U R M G N S H A I H X X E
Z T E L C A T S B O T T G J B X C Y A S F H N
U I N O I T C E T E D S H E R R B O C G N M T
U O O I C A Y J R L B T E W E H J L P V B H K
P N C C O R R E L A T I O N L Y X V W E J U B
O T S A M Z Z D R A U G E F A S V J A X S Q W
```

TRAINER	COMMITMENT	TACTICS
LAW	SAFEGUARD	OBSTACLE
QUICK	BLEEPER	PARKS
PATRIOTS	GATHER	CORRELATION
TUTOR	DETECTION	EXTRACTION
PLACEMENT	SHOOTING	INQUIRY
SNIFFER	ZODIAC	LOYALTY
MICROSCOPE	SNIFF	STRESS

Puzzle # 46

SERVICE	BUSTLE	ELITE
CHECKMATE	LAWMAN	GRADUATION
VIOLATION	POSE	STATION
BOOTCAMP	CONNECT	OUTLAW
CORONER	PROBE	ESCAPE
REDISCOVER	COMMANDER	ACADEMIA
SURVEIL	ACCURACY	QUEST
RAID	QUESTION	OVERTIME

Puzzle # 47

UNIFORM	QUEER	DRIVEWAY
REDISCOVER	ROUTINE	ELUCIDATE
OUTREACH	CONFISCATE	TOUR
TEAM	CONTACT	SCAM
RECON	SECURE	BRIDGE
SPYWARE	SURVEY	LOYAL
APPROACH	FIREWALL	TRAFFIC
TOLL	PATHOLOGY	HUMOR

```
W J Q V P Z Y N W S N R S Q K X X W Z Z I U O
S V Z E D U C A T E E B T L I S T O H T T D U
P M A C S Y D U T S M F Z E V E I R T E R J N
H A H U F U L P R K I V V V R G O K A A A J H O
R V C V O G R N E D C D K Z V X G H I T C S I
X P A R H Z I V H F E I R E Y S O N P Q S L T
E H O T K V D K E D P V R B N S V S Q B I F A
S N C O S Z J U I Y S W S D K E E H Y K V P L
N W H O Y N R Z C F A M L E S L R O Z H I U E
U P T U B I H Y A T Q D K T W E N O R C O J R
Y A A A Y E W S C V P Y I A T R A T P C L J R
I C S M T E D H A C S G S I P I N I A S E X O
L B K R I P L I O X A T X N B T C N W P N Q C
I E F E T A M O E T G M E W W F E G G X C P Y
G E O D N C H D I N Y M W A T C H F U L E J Q
H F R D E S Z O F H C G R E D N E F E D S U F
T W C N D E N F U S Y E H N O L G L D W I R U
U V E Q I S P P Y Y C H Z B N J Z F L Z R Z S
```

DEFENDER	SHOOTING	TASKFORCE
STUDY	TIRELESS	WATCHFUL
OBEDIENCE	QUIZ	SURVEY
INVESTIGATION	RETRIEVE	GOVERNANCE
EDUCATE	IDENTITY	LIGHT
VIOLENCE	CAMP	SPECIMEN
ESCAPE	START	COACH
DETAIN	CORRELATION	OVERWATCH

COURAGE	PRECINCT	ENTRY
COOPERATE	SHIELD	INSTRUCTORS
TARGET	ORDINANCE	AGENT
DEPRIVATION	UNIT	REPORTING
CONSULTANT	SHADOW	HEADWAY
ANALYTICS	SCOUT	SAMPLE
SECRECY	TRADITION	RECONNOITER
BIOLOGY	FROST	RETURN

```
H U H L V S U A S M P V G M S O T G M C S Y S
R D E L I A F L Y S E M Z N M S T R M C M E N
R J A I Y Z H L S G T W U A A K E O A O B A D
A T M W R W Z I Q P A T X P H B I C Y I B G L
N R F I T C M A M F R H E R J L H C O Y N A R
S N E Y N Y L N Q T E O Q Q A H N S T R V E E
O G L J E A T C K H P U F N I N F F A O P S R
M M O O S S X E L I O M L I X R G C M L U K E
W Y L J Y J N L M B O O A O L T F E U F F S X
A E C L Y D H K I I C Y M D J E R X E S A H S
R I A A E W S T A T U T E Q E B R D E B B T Y
E N R B R H T C E P S U S U I V B H A Q R F Y
A X V I E U C O D N Y H P H T B L T M A W T A
P S F L S K C D X E R B T Y M X A O T J L Y J
B S M S O N P C V E G D I R B D Q E S A S E Q
O E B U K Z L R A U A E Q V O F G B Y N Z E G
T J P R P Y U Q Y R J U H M A Y C O M O U T O
W X Q T M S S X E E L T S U B I L N N M R P J
```

TRAINER	STRATEGY	FLASHBANG
COOPERATE	ANALYST	LOYALTY
BRIDGE	ACCURACY	PROFILER
SUSPECT	REMOVAL	RANGE
SENTRY	UNSOLVED	PROCESS
STATUTE	SURVEY	DATABASE
RANSOMWARE	FAILED	BUSTLE
HELMET	DEFUSE	ALLIANCE

Puzzle # 51

ADVOCATE	JOURNEY	CLOTHING
FOYLE	GUIDE	SACRIFICIAL
DOCUMENT	MALWARE	PARKS
MOTIVE	UNIT	PACIFY
LECTURE	BLOOD	INTERACTION
STAND	WORKOUTS	DIAGRAM
SPIRIT	PAST	SHOOTING
FORENSICS	ALIAS	RETURN

Puzzle # 52


```
H X U A R J Q G Q Y N E L P M A S V G E X V I
V N E V I T C E T E D O A F S T H G I R W B W
W H S A R C O U C W O T I X D M Z Q Y A C N P
M O O R S S A L C G U V I T O A P F Z R Z V Z
O M F F K B Y M X H U S W A A D N E T T A S T
F G X O C R O T A R T I B R A V I T Z K Z C F
N H N R O E W Y F I C A P O V E R L O O K W W
U N C C L D X M Y G O L O H T A P E K W C Q Q
I O M E D C Z I W G K T C A T N O C S Z C J G
V I O P I J A O Q Y T K X N A I R T S E D E P
V N B X R O V S W A G C D A H T U E L S R J C
M A A F G E L H U X U M R D O G P I D K I P L
R P E G A L F U O M A C U V W F X O S T O R E
G M Y K I K R D B D D B G O L I L C J V J F R
Y O N C J N R Z N P L U S C U L K N F Y U H U
C C W C U T J K V D G N U A P E Z G A X J L X
K T J X C R J I S Y G D D T O N P C V V T J Z
C W V G V W S O K P W Y M E L A N S K Y X W A
```

FORCE	COMPANION	OVERLOOK
FILE	DETECTIVE	SLEUTH
CONTACT	BUNDY	ADVOCATE
SAMPLE	ATTEND	LANSKY
ARBITRATOR	STORE	PATHOLOGY
DRUG	PEDESTRIAN	CRASH
PRESERVATION	PACIFY	CLASSROOM
GRIDLOCK	CAMOUFLAGE	RIGHTS

Puzzle # 53

INTEGRITY	SACRIFICE	HOSTAGE
KITS	DEPUTY	CODE
CANINE	LABEL	MONITOR
LEAD	RADAR	ENFORCEMENT
TUTOR	MYSTERY	MEETING
OPIOIDS	ENDURANCE	WHODUNIT
WORK	PROMPT	DEFENSE
PHOTO	ESCAPE	REGULATION

Puzzle # 54

```
E P A T C V B A P K L I R P P B M E D I A T E
Q A L O L S F D Y I N T E R R O G A T O R Y E
U T Y G A C O A S W Q K G M C G T M G N G S D
I H I H S X M U M Q Z M R F O L D E R Y E T E
P O R Q S Y L Q I Z H Y O F M T D E J F X F O
M L D J E N E S W O X Q F A M S R M C P D B T
E O R W S F V A P V B X N O U I Z T L Y E D O
N G H P L K R M I R O E E R T G P I O C S T H
T Y K Q N C I E E R L U D D E O J S T M C N Z
C P T C H S L T L Z Z E R C R L H P H T I E M
M K W I S E S S Z Y T E A A S O H X I S T L W
N Q V I H A B U I Z O V W U O M Q A N I Y Z M
V E O R F F P C R K G F M T Z I V Y G T L Z G
R N Q N C P U B L I C J I F L T G B A J A U T
G M Y R T S I M E H C N E X W C D L U Y N M W
L B K I B N B J W R G F W S R I K A L U A W L
P E U G C C K T Y T O C S B Z V N E F F A W D
C A I M E D A C A J K E W O U E M C G I J R Q
```

<table>
<tr><td>SQUAD</td><td>MISSION</td><td>ACADEMIA</td></tr>
<tr><td>FASTER</td><td>WARDEN</td><td>PUBLIC</td></tr>
<tr><td>FOLDER</td><td>PATHOLOGY</td><td>FORGER</td></tr>
<tr><td>COMMUTERS</td><td>CLOTHING</td><td>FOYLE</td></tr>
<tr><td>ARCHIVER</td><td>CLASSES</td><td>CHEMISTRY</td></tr>
<tr><td>MEDIATE</td><td>VICTIMOLOGIST</td><td>SHOOTING</td></tr>
<tr><td>EQUIPMENT</td><td>TALK</td><td>INTERROGATOR</td></tr>
<tr><td>PUZZLE</td><td>MUZZLE</td><td>ANALYTICS</td></tr>
</table>

Puzzle # 55

LEADER	INSPECTION	PLAN
ARCHIVE	INVESTIGATOR	QUERY
HITMAN	ADDICT	CYCLIST
DECODE	TOLL	ENCRYPTION
CORPORAL	HUNCH	RUSH
LEGISLATION	FORGER	ANALYZE
INSPECT	CAUTION	SENTINEL
RAID	TOXICOLOGY	RACISM

ANALYST	ENIGMA	RESPOND
LABEL	CONSULTANT	ANALYZE
SNARE	ENFORCEMENT	BARRACKS
XRAY	SIGNAL	SUPPLIER
SOLIDARITY	MICROSCOPE	VIOLATION
PROMPT	MOTIVE	ARMOR
SCRUTINIZE	CRIMINAL	QUERY
OBSERVER	INTERROGATE	BAR

Puzzle # 57

```
R A H H I Q O O N E M I C E P S U J J E U P F
B P Y J E Q U I P M E N T T D R Q M M W B M A
O R Y P A T N D G T X O R S I D E F E N D E R
A S N P O B G G A E D D G W C D B T N U O T E
O K N F V P Z R X N A F I P Q Q U R U Q K X X
R N H C L F E Q Y A D R J T S O O A M M Z Y K
E T O A G P M E C M P N Q W X R M M O F M S E
P N J C O B P Q S W I U A T R A C K G L V O H
I R I O V T P L S A F Y Q B E K S O X L P I C
Y M C L X I N F A L M W J R E N I M A X E X W
X Y T A P S N A L C G T G I D E T E C T I V E
I F S B B I U T N G E E D U C A T E Q C H P N
U X N P D E C D E E A M V T O Q V M A C H L Y
T U M Y O Y S S D R T Z E I P S D L S J A G X
S Q G O W T I P I A C U I N U S L O O N W R P
M E P O N V U Y D D H E E Z T O B U S R R V Q
X F O B L T T A Y B Y B P I Y R D K R Y K Z X
C G C R V S C H L D P S V T L C Y X F N Z C D
```

DISCIPLINE	EDUCATE	BAND
LOG	LAWMAN	SPECIMEN
TRACK	LANSKY	DEFENDER
AUTOPSY	CROSS	JOHNNY
LIEUTENANT	EQUIPMENT	INTERCEPT
BOSCH	DETECTIVE	GEAR
AUDIT	COOPERATE	EXAMINER
COMMUTER	PLACEMENT	CALL

Puzzle # 58


```
G N C Y R B L F N O S G E X A X P L S Z B M E L
L T I Q I O I C E I S Q R V H T K Z I K F Q S
F N P F P S Y S N S Y I U U A E F O C U S B U
Q U T H L C U F R N H J D C J W T B P J P G F
M P O C A H I I O O S C E N E T W A L H Y E D
R T P P N L E I W Y T W R U Q Z A R C Q F A B
O C N V T Q T N P P D A L L S R L E M U G P C
J V P R R I E R U C E S R Q T N Y V V Y M D A Y
F N A I D R A U G Y P Y H T W J B I C G D E R
X T L A I Q N W C M D S D G E J K S E E H Y D
E P R E S E R V A T I O N A O P J I T H P F P
J T S I R A E E P L T J O F P S R T X N Y I E
E V I S N E T N I C K O H J F I R E V N K T R
E S H O O T V V A T Z E B I C P I V P B I S Z
D U R E U M J D Q C N A R C O T I C S K V E Z
F J A A M D E P M A T N V S F N J V X Q I T M
Z K C O A R R T Y W A L R E B Y C I N T K X Z
W Y B P W E L Y O F R M V Z J G W Y G C N S L
```

GUARDIAN	PERPETRATOR	PLAN
BOSCH	NARCOTICS	REDACT
BYLAW	CYBERLAW	CADET
SCENE	FUSE	INTENSIVE
REVISIT	PHOTO	PRESERVATION
SHOOT	WALKERS	TESTIFY
INFILTRATE	FOCUS	EDUCATE
SECURE	FOYLE	TRADITION

Puzzle # 59

```
B I T H G I S N I A V C G M A U K R E M A D X
G P R E S E R V A T I O N C S W I F T R K T I
E T A G I T S E V N I N T Y T L A Y O L R A E
K T H E S N W U V S H D J B P Z B S P P B H U
Q M P E N E T R A T E U J E D Y E S O R U J R
K P A S T I N W K R N C E R E T L E H S V B W
U K Q S T I E G Q E S T D L T S U K F N Y K D
F A Y E Z L M Q Y S G O C A R E D R U M G Q P
F L T Z K A Y G V S Q R J W S Q E L Y Z N Q A
Q Z A C J M O C A Q B Y Q T C K H F C V I B T
D Z N Y G O L O H T A P S U I A C S Z F H H R
C T U O O A P F J V Q Y E O H T S E E C T K O
G N I D O C E C Y M J V Q C T O O P V H O Y L
M Y Q H A X D B J J G B M S E X K A L J L L M
W X K V K I I N S T R U C T I O N X O T C N A
V L L F F Z H B T L E J Y G S U T D S A M O N
Z U G C S S X D B P T N M B Q Y Y T R A P E B
C F V R P F C X Q R A I N T E R R O G A T O R
```

PATROLMAN	LOYALTY	CONDUCTOR
PENETRATE	INTERROGATOR	SOLVE
PARTY	MURDER	SCOUT
CLOTHING	SWIFT	CYBERLAW
INSTRUCTION	CODING	INVESTIGATE
INSIGHT	SCHEDULE	DEPLOYMENT
PATHOLOGY	STRESS	ETHICS
SHELTER	PRESERVATION	PAST

Puzzle # 60

```
R E W H Y W T Q F C C L M H J X R V L W L E B
W O C Y G E N S G H O F L B A U B F D K L W F
N F Z T B C E O N V M V X I Z U T F L C L Q A
D C C X A I M F I O M L D C R S F D U H H K S
P Q X Z B T U D D M I N D L U D I L I E G U S
I Q P Z H C C J O Z T F O R E N S I C C N E O
I R O P Z A O W C E C N A I L L A Y Q K I R C
D R K E O R D E S S E N T I A L N R M I K O I
A P O U P K T N A T A B M O C F T N A C V A
H J T E S T I F Y O O U A A P M P S H N A N T
N N R S N T R Q B D F V E B Z F P I R U R E I
O D O X P L D E T A I N N U R E S M N B T D O
I R A P J E O C Y E A M C A C X G E E W T P N
Z R B O A O C V K N U I U T G L X H S M V Z T
V E L P L E I I I Z R D P D X Z A C N O I X X
R D W O D E W Q M S Y Q P N B I T E I C D R E
F I A S H S R V G E I K Q H E I K O O R B Y C
Q L M H U I N G O Z N T L P E F V Z V Q P M Z
```

ROOKIE	SPECIMEN	DETAIN
FRAUD	COMBATANT	TESTIFY
BITE	COMMIT	DRILL
DOCUMENT	VISIT	RELOAD
PRACTICE	CHEMISTRY	ASSOCIATION
ESSENTIAL	FORENSIC	CODING
INSPECT	TRACKING	CRIME
WEAPON	CHECK	ALLIANCE

Puzzle # 61

R Q Z U H E S C S P A N K T D I S G U I S E P
G H B R H T F C G O U P Y Q J P C C N A G P R
Z S P Z A Z U L A R O P R O C M E M M D K V O
V S D L N N T X P X O B V W A Z B H K R E R F
C D K E G U P M S I K P U B I Q F C V Q M P I
P E P K T J A W X X S Y Y L N C U I M H H R L
R R C O M R A D E R Y M I N B U O F H C U A E
E R R Y F T Q Y E C P T C G S T D S T R E E T
I S U U C K W V N Z U T R N D X K A E D E G Y
R N U H A F E C G X S B A I A S W W N E R O S
J A M P X N N D V H A E L N I K T O U G C V B
T A P N T N E D I C C A L I B N B M Z O A E U
N B N I Q W L D A S U S Y A A I I I A U T R I
N Q B D D G U W I X J M R R R G I M Q K A N E
T E S T I F Y C Y V I C G T R H S U O G L A M
H M O O R S S A L C E K L F G T L A L L O N W
H A S T U D Y F P H K R T J K H B P D F G C B
L F G Z J I S N J P Y A T L K X M F Z I U E Y

KNIGHT	STREET	PROFILE
RALLY	WATCHMAN	TUTOR
CATALOG	RAPID	CORPORAL
CLASSROOM	TESTIFY	STUDY
STALKER	TRAINING	DIVERT
DISGUISE	WATCH	BOND
ACCIDENT	UTILIZE	SPAN
COMRADERY	EVENT	GOVERNANCE

Puzzle # 62

C M Y G Y K E Z K S G G R O O M X I D D V F T
M C N P M V A J K I Z M U A V Q V K D J T H S
K X I N T E R R O G A T O R C N J O Z W R T H
O R S P Y N E G O T I A T O R C T U W U F L G
L P L W C Q S T O R I E S L R E O O S B L R V
A A L L I M T R E T N U H R P C Y M W T O D S
N Q A N L K V C J C T A F S C H S B P T I V U
M V S K O K U A F Y H D F G Z F R E A L F C D
N K C I P C R X C G Q A W C M O S G I K I Q E
I J I E U G E X E D X D G O T U I M I M R C S
H P T V O D P R N A O V C H A T S E T R A C E
S Z C N S U U P S T E L E L S H Z I X M V H Z
U B A M N B D H U A B R C E I W Y Y Z L O X T
H G T J I U N P S O H A V E F F I R E H S D Q
F Z I T F R U G G O I N L O W R K T M O I B G
T F G U F Z O J O M I D A G R S B O S F T W D
V N S N E K R D Q S J D T E D G T X H N W J W
W F P I R M Z N R O W S O E Z D L Q X J S V I

SHIELD   INTERROGATOR   ACCOMPLICE
AIM   BROTHERHOOD   RECON
CENSUS   JUSTICE   INVESTIGATOR
TRACE   DATA   CLAUSE
SWORN   TACTICS   ROUNDUP
POLICY   SHERIFF   PLAN
DIXMOOR   JARGON   HUNTER
SNIFFER   NEGOTIATOR   STORIES

T I P O E K W P V D L Z E R H F J K Z G H Q X
J B K B L N J B A R Z I A O E F X A B Y S T N
U I M J B Z N J O P A S C Y C D G Y D B U X Z
S Y N A A P R O B L E M C B X H N H X N R Y C
I L V Q T Q U G C O M M U T E R S E X W R W M
M Q P A R C Y C L I S T S F I H U Z F D Z B P
G H R L O M L S G L A Q A Y J M G P N E H I U
A C E A P C E U N I T Y T A O N A K E W D C S
Z P T T A S S O C I A T I O N O D Z I Y J K T
G J E I I U S F Q F V A O E V I J N G H O Y A
S Z X L E D O X B R M U N S G T U T H A Q Q M
G V T Z H R N A E A C T S R Z C D G B Y Z A V
L U S G O F S K A D H O D A G E I P O H U U M
I T D P I D C E P J J P N E D T C N R F I N E
G L Y M B A I L E I L S G H G E A A H S X I M
A W O L R A M A G Z W Y G E O D T T O F C J R
V G B T K T B N C W W E U R O W O Q O L A C N
C X T R A C K G U N F I R E K W R C D J D N G

DEFENDER	UNITY	PROBLEM
ZODIAC	CYCLIST	DETECTION
ASSOCIATION	MARLOW	TRACKER
AUTOPSY	TRACK	ACCUSATIONS
ADJUDICATOR	REHEARSE	RUSH
PORTABLE	COMMUTERS	FINE
GUNFIRE	BAR	LESSONS
NEIGHBORHOOD	PRETEXTS	MATS

```
H S R S J R T J C A J V K N Z E B M L I F R D
C O N F I S C A T E G C G U E N R E S Z L H Y
D K O O L R E V O S A E G F N U G L D E L K G
X C H J E R G A C R S J N K F T E B M J A O N
F A A J T G M D T K Y R O T O H Y O F Y L X H
W U T R A B Y I K R E R U N R W T R K A R W T
Y N K E G O U L V T T Y D K C A U P T R P X K
Z S S V I X U L A D R U G L E C D A W J S I B
C J Q R T J N I R M H O W O M D C U M L E Z E
M T C E S L B N B A W O S Y E Z W A L T U O Y
N L N S E E B G I N S R U P N M B N E B A E R
W W X B V G L E T P L Y K N T P Q W Z B M G E
Y D K O N O O R R B L B E N D U R A N C E A V
Y T A Y I T N K A P U R S U E R P O S E K T O
G Y K U B E A U T S N I B M S C O K L R S S L
P C O R Q Z Q A O P U X E I U S C S B H A O V
J R L Y X S L D R R A F A Y R Y K I I G A H E
X H C S G I J L J D Q J U G Z F C R F T F U R
```

DUTY	CATALOG	TRACK
DILLINGER	SQUAD	HOSTAGE
INVESTIGATE	DRUG	AGENT
OBSERVER	PURSUE	ENFORCEMENT
ARBITRATOR	RERUN	POSE
CONFISCATE	ENDURANCE	OVERLOOK
RUSE	REVOLVER	HOUND
PROBLEM	OUTLAW	RISK

RESCUE	STREET	COVERT
LAW	PEACEKEEPER	JUNCTION
BREACH	LIAISON	PATROLWOMAN
TRAFFIC	EMBED	RALLY
SEARCH	EDUCATE	SIGNS
HEADWAY	PROTECT	TRACE
UNDERPASS	COOPERATE	PATROLS
WHODUNIT	NEIGHBOUR	BRIEF

Puzzle # 66

SHIELD	ROAM	RIDDLE
METHOD	DEPARTMENT	PROWL
ELUCIDATE	MOLECULAR	TRAINER
RECON	FIND	PENETRATE
PROFILER	AVENUE	CANINECORP
CANNABIS	MEDIATOR	COMPANION
STOP	BULLETS	ROUTINE
GUARDIANSHIP	BRIVOUAC	FAILED

Puzzle # 67


```
J X I X C M P M E N B M F N W O D T N U O C S
W C I Y M F R R F K R R N J A R Q P G P E F G
E I C P U B O O A O I W Q G L N L E R A H S V
X V Q E R Y T F X R E L B O W X Z B H Y I G S
I W W E T P E I Z H F F B L K U A R O T N E M
I J I W C R C N W O Y C L A N D E S T I N E D
C Y O S E O T U D O W A N T I R I S Y R S E J
G J C B P M O T S G R O H A N E A I C A P R L
N R T E S P R G N E I K W C S M J C U D R T H
Y V V Y T R T E I J T S Q O Y P G C W S I A U A
S H Q C D C D F N J L Q A L E M C T T L D N L
O Q L C I A E E H N C Z I N C X M R O O A B T
F K V Z R F V S T L P N T Z T P B O D S R J I
T S H G Y E D C L J G P R T I L N Q I H C E Q
O I S K R P R D A O B V V R O V A T A D U G U
Q O O P Y D I V E R T J P G N T B N N D O R M
S V I Q U Z N G T R X D P B D K B H N Y W T S
J V A I O C Z K S J V S W P Q V G N F W W M N
```

UNIFORM	INSPECTION	PREVENTION
STEALTH	MENTOR	GRADING
WORK	CLANDESTINE	PROTECTOR
SOLIDARITY	COUNTDOWN	PROMPT
CUSTODIAN	CATALOG	SAMPLING
GPS	SWEEP	RADAR
SPECTRUM	SHARE	DORM
DIVERT	SECRECY	BRIEF

HOMICIDE	CLASSES	COORDINATION
PARTY	NARCOTICS	HANDBOOK
BANG	MEASURE	CYCLIST
INSTRUCTORS	DEPLOYMENT	SAMPLING
INSPECTOR	PARTNERSHIP	BYLAW
GPS	TOUR	COLLECTION
PREVENTION	DEVICES	RECON
RECORD	ENGAGE	BIOMETRIC

Puzzle # 69

HUNTER	STRATEGY	HITMAN
INTERVIEW	STALKER	SUSPECT
COLLAR	ACCOMPANY	PURSUER
HOUND	ASSIST	ENFORCEMENT
PROWL	BREACH	LIGHT
JUDICIAL	SCENARIO	REINFORCE
FLEE	BAR	COACH
TASKFORCE	SIREN	OVERWATCH

Puzzle # 70

DISCIPLINE	DORM	TURMOIL
COLD	CADET	PERPETRATOR
HELICOPTER	CONFISCATE	DEPUTY
BREAKTHROUGH	INTERROGATE	ENCRYPTION
COMMISSIONER	SECURE	MOLECULAR
ACCURACY	COMBATANT	SHELTER
RUSE	GOVERNANCE	DRILL
VEHICLE	FORTAS	UNSUPPORTED

Puzzle # 71

```
E Q V C W Y G O L O N I M I R C T H O Q F Q T
V T J F Q C C N W J X M Q Z W C K A C N M T U
S X U S Z T C O Y O E Y K E E S K B V N O H C
Y P T C E W E I M Z B S Z B K L S U S E E R I
H V W M E T B T V P C T S N R X D L I I N B I
X X M R J X P P P I T E W T E Y J N K D V U M
B T T L P E E Y O X O R T T K L L Y I B P Q E
H S B R V W F R A Z R Y I F I N A T X W H X G
C C S E O S E C L H J L O O B X N H T Y S T V
O W S P D K C N R C E G C F H H E P G P M C C
M N X O V H N E H R A H B X F U S E S R U O C
M Q F R B C E M E A D N D H H E N V C D C Q E
I R Z T C C D I H E C Y G L A Z L C L Q S N U
T G E I B H I A A S A B E B C I E Y H H L U T
M Q C N J E V I Y P D M E D I A T O R R R Z R D
E E B G S C E Q P Q R E T S O R A V Y B Q E P
N V B F U K U I D I N S T R U C T I O N P E S
T Y A W E E R F U N I E V R B J B J Y Z Z K R
```

CRIMINOLOGY

CHECK

BENCH

COMMITMENT

SEEK

ENCRYPTION

BIKER

MYSTERY

INSTRUCTION

MEDIATOR

SWINDLE

ELITE

ROSTER

AVENUE

AIM

FREEWAY

HUNCH

COURSES

SEARCH

BOSCH

EXECUTE

EVIDENCE

LANE

REPORTING

Puzzle # 72


```
P I H Q V S M A Y T N X A K I X Q N N Z J M X
C G L F E E X R O V K I T C H E N R N V O B S
U D E A L W Z J T A U P P R C Y H O S T M K R
V K A B I N G R E S S Q M O J U I W I B L Y E
A L O D B S T C M V P F S Q R S S V O Q I D V
N R Q U H O R X L D E E E Z U H E A U L M I R
P O V D O A U N E L K Z I R N U T S T U L N E
Y C R H S N M U H O H C T A P S I D Z I T D S
V K S H H I I B S C C N U O P T W Z G E O U Y
J H Q W T N X B F I I V C Y Y A L D V E F N Q
K L V C C L J D Z N D B Z Y A E T Q D B H T S
A S I K X R Y G G U F Y N Z P W L H G Q J D L
V V R A N S O M W A R E I S J O E I W G H D S
L X L C O F T S U K U L V T H M E V M A P Q E
E M O E O U J P S N R F Y K M A M C I S Y U F
U J S Q B T T E R E V R E S B O D E M R E N J
Z Q T S J A S C E N E B V O D R N O M A D N N
V Z H Z T Z L G K F Y O L S J J J H F W B E S P
```

PATHWAY	HELMET	INGRESS
COLD	KITCHEN	STUN
PROBLEM	RANSOMWARE	MOTIVE
OBSERVER	CROSS	SERVERS
SHADOW	MUZZLE	DISPATCH
INTRUSION	VICTIM	CRASH
LABEL	SHOOT	SCENE
DRIVEWAY	SMILEY	ACCUSATIONS

Puzzle # 73

```
F R D L G A I M E D A C A F B C N V F P G F I
F P E E U K T G N P T V R P C A E U J H K W U
Y A Q S H E O E M R U E I O M J T Y E N B E C
A T H I U Y J T S O S Y H L T C V D A H S N L
U R S R L G S A P W X A O Y S A Q I P O X D E
A I W E L P D C E L P R D G Y I R H D C V P B
X O J N W S I O E T T N X H M D P T W Y G S A
G T I H C K Z V D A U E K A B O L O E Y L K L
O S W R M G B D P B Q Q P I O Z R R U P N D T
X Z W R I I E A H B Q S J R L U H E B E R E X
E X L E K I L L L I P L A T O O N R D U D E W
E F D E P I P D Y O N T Y M Z I A T C A H X P
V N R R E B J H J O M S E M L V C S C P C F Z
L S D F R S A P U G F N F K E F P R L B B T N
P Q P U V V V G W X Y C C R R G W T I I H X T
P E T O R I O P U C K V Y V S N I P E R A O C
Y G C M L E K O D Y Q E Q J L W D Q S E R R W
Z O L G K E M J U O F A Z T H P U M Q N S C T
```

PLATOON

SIREN

REDACT

SYMBOL

ADVOCATE

BUNDY

SNIPER

PERPETRATOR

BIKERS

PATROLMAN

LABEL

HAIR

PATRIOTS

PROWL

FOYLE

SPEED

ACADEMIA

BRAVERY

CADET

ZODIAC

TORN

POIROT

TRAIL

ENDURE

Puzzle # 74

AUTHORITY	LANE	FLEE
FOYLE	KNIGHT	WORKOUTS
CAPTURE	BOSCH	BATTALION
GATHER	SWIFT	PHISHING
COMMISSIONER	GUARDDOG	DISPATCH
NEGOTIATOR	CONSULTANT	MEETING
SWINDLE	ADJUDICATION	ADJUDICATOR
PURSUIT	HARPER	CALL

Puzzle # 75

```
R M N O G R A J N N Q C Y L I M A F V B Y N R
Q G S U N G R V L E E O F F I C E R C L O E N
Q F L P S S A P R E D N U D Q S C R I E Z G T
Y Y W J E A X P R O T E C T O R S O T R D O E
Y Y W R J C I A X O Q B Q K C Y X T O H F T Z
R E I W R O T A G O R R E T N I M C C R S I N
E V O K H U N R M A H Q C O T N B E R V E A P
T U N N X C N W U X L S O S S Y T P A V D T C
H M F T E N T Q Q M U D M O P D F S N M U O K
G E U O R G A N I Z E D P D P O A N I Y C R T
I K I S M A V C C V U B A M H O R I C O T I N
F B Y D T K I L J N J C N J T N C H X O I D O
E J G T N L A N U F O A I E L V W S H U O R O
M R X H Q S H L I L Q B O Q A K A P O K N O W
I Y I Y S N C E D N G F N S E F L V P C O N H
R B T E I B R C P Y G S L G T S W I N D L E R
C M S X M S A W D Z B X G R S G H N A O V M C
T E G R A T M S N X T N E M U C O D I A X B O
```

OFFICER	CLASSES	TARGET
COLD	LAWCRAFT	TRAINING
UNDERPASS	NARCOTIC	INSPECTOR
FAMILY	ORGANIZE	NEGOTIATOR
CRIMEFIGHTER	COMPANION	SPECTRUM
SEDUCTION	INTERROGATOR	PROTECTORS
STEALTH	DRONE	MARCH
DOCUMENT	SWINDLE	JARGON

Puzzle # 76

BOUNTY	TEST	LABWORK
INVENTORY	TIRELESS	COMMITMENT
SPECIALIST	OJSIMPSON	PROTECT
ROSTER	MOBILITY	STALE
TERRAIN	LEAD	CONTROL
BEHAVIOR	CLASSES	TRACE
CONDUCTOR	APPEAL	LECTURE
AUTHENTICATE	SPIRIT	GRIEVANCE

Puzzle # 77

```
R J C H I Z D H H Z W I M C W G Z N V M C D L
B O P Y Z K S A J C C X Y T E A L W U B E E I
J P V S B K A N E I G H B O R H O O D L V W C
A D L E H E Z G J P V R D J P K H Y I L W U L
N J S R F O R R B L U E C M T F Y A O N M Q A
F Q U V X S J C O F P T N E R B F V L S A B Y
N N N I K U P U R A G O L H S E N T I N E L D
B O M C K B T G R I S F Z O V I A D A U T E W
U T I E Q T S T G L M A G G Q W P O I G B K D
H C C T X U M S M B K E R N G U T U Q J U S R
J J F Z A E O R G A N I Z E K G N I H S I H P
B M A C N V E R A N S J S C K G N E T W O R K
P Y T T X N I B H T W T A V Z B X H Q W T T N
R E E N A C T R A C H B A M V O F E N O I K R
L A W C R A F T P G R L A T B T D B K R M O U
L A I C I D U J I E O A Q D R N E C U O M N W
H O Q X S T C R T R D J M F O E M S N U O G D
F S A O S D M Y S M E H E Z R T H R H Y C N Q
```

SERVICE	VALOR	ORGANIZE
NETWORK	DEPARTMENT	TEAM
RUSH	COMMIT	LAWCRAFT
BACKUP	REENACT	RIGHTS
SENTINEL	SNARE	CYBERCRIME
FAILED	MARCH	NEIGHBORHOOD
PHISHING	JUDICIAL	DEPRIVATION
INVOLVE	BOTNET	HUMOR

Puzzle # 78

O R O Q V Q Y A R X M X G K Z L M B Z V T V Q
X L N M Y U R D E F E N D E R N G P Z X S R M
I R B F Y T C U U A N Y G L O Y U U X E N E F
P M Z S X S S B R E O T H A L E Z N N G Z E J
W Y P J S R N U K W C R A C A B Q A I F P U R
W P P R U U G L Y Q E A G I I A Z K Z F I Q P
W Y T P E T W V Q K R P P S T P F R T V O R T
A Y R G S S L F R O S T Z Y N I R P F Z O R E
M N S L F R S J S C U N X H E H H T F B Y H M
G G A A K C N I Q E R P T P S H Z Z I O G E O
I E O X F L A R O P R O C H S E E N Y F M X B
N O Y I W E R J N N M M S B E R G F C L X A S
E Z O N E S G H A S S O C I A T I O N O S M E
B Q L C U Y R U C T W Y T C T I U X N T P I R
N O I T I S O P A H I Z G F E U M H A N P N V
Z L L E T I B J X R Q W P A S L D S K E P E E
Q Q O S Q T W H O W D Q Z O T V H K R Q N R R
L B N O I T A G I T S E V N I D H L O W M M E

UNIFORM	PHYSICAL	OBSERVER
GUNFIRE	DEFENDER	TEST
BITE	PURSUE	CORPORAL
INVESTIGATION	PROBING	STASH
EXAMINER	QUEER	PARTY
FROST	RECON	ENIGMA
ZONES	POSITION	SAFEGUARD
IMPRESSION	ASSOCIATION	ESSENTIAL

Puzzle # 79

```
W C L X D K P P F T Q Y U S R E N I G M A W P
N A R C O T I C S T Y T B A F J V Q Y C L I F
A W D G R K M H D K H I S V H D F V L W W E R
I L L V U X O K O H A R L Z T N G I H V Y T A
Z H J F W E M N S C N A N B A G J N C E A A C
Y U K Y P R Y S S R D D T E P H U J T Z W G J
F Y S R O U S A I A P I X D O G P U A U V I E
Y L I F F Z J M E E R L D U H H E R W S C T R
T N I E V M R P R S I O O C C O H Y W B B S Q
T N G V Z K Z L Z P N S Y A Y U S E R J J E D
U O E I C G H I U L T V Y T S S R A Y J D V M
U U T T S R L N D A G D D O P V C J Y O D N O
E N U P M F I G B N P L Y R E E V S Y D N I N
S V T M Q V J M C I R C U L A T E P R M U E P
H O A E U O P F E Z C O N S U L T A N T E A D
S P T E H L M W U S N Z V O Y Q O N I M N P W
Q U S R A X F R H B W S V U D K V C N E I M W
U G F P U S P E A H T I N T E R A C T I O N M
```

POLICE LINE - DO NOT CROSS POLICE LINE - DO NOT CROSS

UNIFORM	SOLIDARITY	PLAN
NARCOTIC	CONSULTANT	DOSSIER
INTERACTION	PSYCHOPATH	WATCH
ENIGMA	EDUCATOR	BRACE
SEARCH	CRIME	SWERVE
STATUTE	SPAN	HANDPRINT
INVESTIGATE	PREEMPTIVE	CIRCULATE
SHOEPRINT	SAMPLING	INJURY

Puzzle # 80

SERVICE	PUBLIC	RERUN
CLUSTER	ORDERKEEPER	ANALYSIS
INTERSECTION	RODS	PURSUER
SLEUTH	FREEWAY	INFILTRATE
SAFEGUARD	FOLDER	LAW
CAUTION	PRECINCT	EQUIPMENT
SPIRIT	RACISM	SUBURB
SECURE	HELICOPTER	SCANNERS

Puzzle # 1

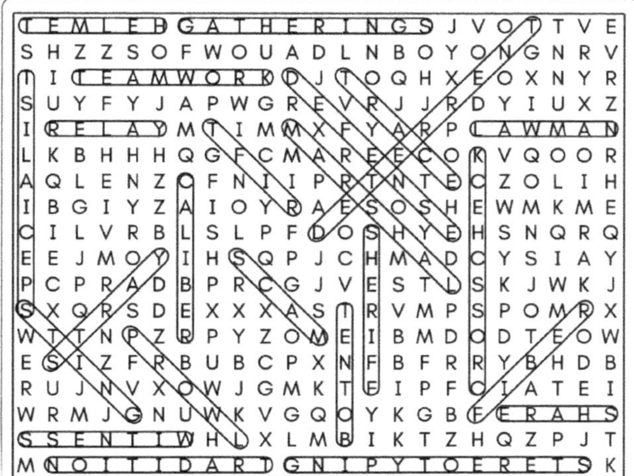

LAWMAN	TEAMWORK	RIFT
STEREOTYPING	MARSHAL	TRACE
RELAY	DETERRENT	SHERIFF
FIBER	WITNESS	CALIBER
PROWL	CROSSCHECK	STING
TRADITION	STRAY	SPECIALIST
SCAM	SHARE	DEFENSE
HELMET	BOTNET	GATHERINGS

Puzzle # 2

RESCUE	COMMUTERS	QUERY
UNDERCOVER	FORCE	DRILL
BREAKTHROUGH	TRAP	PATROLMAN
GRADING	AUTHENTICATE	STALE
SWEEP	BRAVERY	RECORD
JUSTICE	PERIMETER	OBSTACLE
FLEE	BIOMETRIC	PRECINCT
SECURITY	PATDOWN	TRACKING

Puzzle # 3

ORDER	DUST	LIAISON
BOSCH	MAGISTRATE	WEAPON
ASSOCIATION	ENFORCEMENT	FAMILY
SNIPER	INTERVIEW	INSIGHT
MOTIVE	GEAR	DATA
EMERGENCY	SUBSTANCE	DEPLOYMENT
APPROACH	UNFAIR	CROSSCHECK
PROBLEM	FORTAS	PAST

Puzzle # 4

SURVEILLANCE	LESSONS	CRIMEBOARD
CONCEALMENT	FORGER	INSTRUCTION
OPERATION	DRUG	SCOUT
SOLIDARITY	FINE	COUNSEL
PERIMETER	PROTECTORS	GRIDLOCK
REVOLVER	PARKS	HOUND
TRACK	PLEA	LANE
WHODUNIT	SWIFT	SHARE

Puzzle # 5

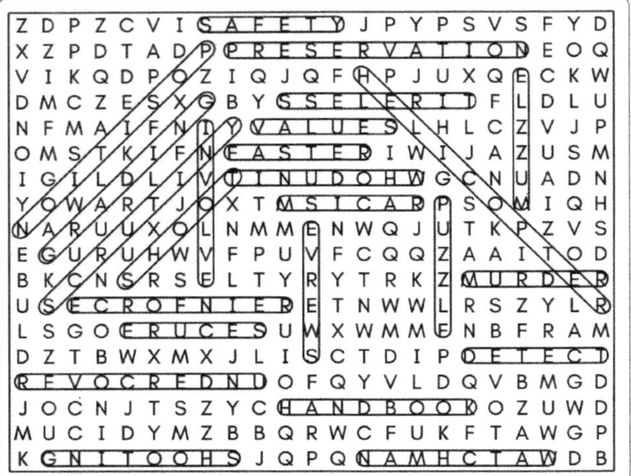

WATCHMAN	PUZZLE	MUZZLE
UNDERCOVER	TIRELESS	WHODUNIT
INVOLVE	MURDER	HANDBOOK
SCRUTINY	SWERVE	POSITION
GRADING	SECURE	FASTER
SHOOT	SHOOTING	REINFORCE
HELICOPTER	RACISM	SAFETY
DETECT	PRESERVATION	VALUES

Puzzle # 6

PROFILER	COMMITMENT	CONTACT
FOYLE	ADJUDICATOR	ROSTER
CHASE	BOSCH	SCOUT
FORENSIC	FLEE	SPYWARE
EDUCATE	EQUIPMENT	ACCOMPANY
PRECEDENT	SCHEDULE	EXTRACTION
PLACEMENT	PREEMPTIVE	SOLIDARITY
OBEDIENCE	MONROE	TRACKING

Puzzle # 7

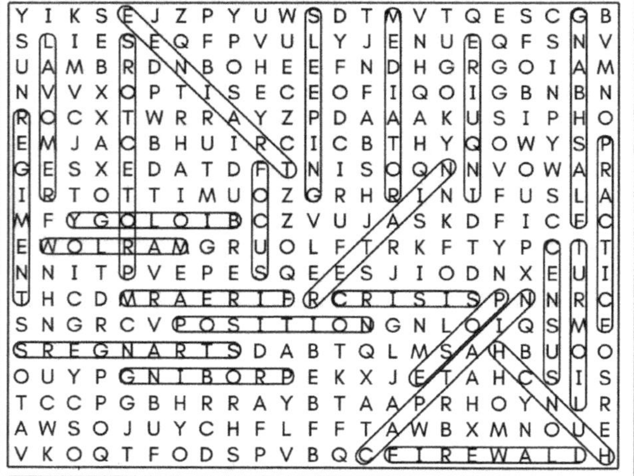

CAPTAIN	SLEEPING	TURMOIL
INQUIRE	MEDIATOR	PROTECTORS
CENSUS	FIREWALL	STRANGERS
HUNCH	REMOVAL	CRISIS
TRAINEE	BIOLOGY	POSE
POSITION	PRACTICE	FLASHBANG
RETAIN	FIREARM	REGIMENT
PROBING	MARLOW	FOCUS

Puzzle # 8

BADGE	VICTIM	CHASE
LANSKY	CADET	FATHOM
TRACK	SIFT	CORPORAL
FORENSICS	SETUP	SPYWARE
INSPECTOR	EQUIPMENT	RESEARCH
SHARE	CORONER	VOCAL
ROUNDUP	STORIES	PROFILER
NEIGHBOUR	INFILTRATE	ENDURE

Puzzle # 9

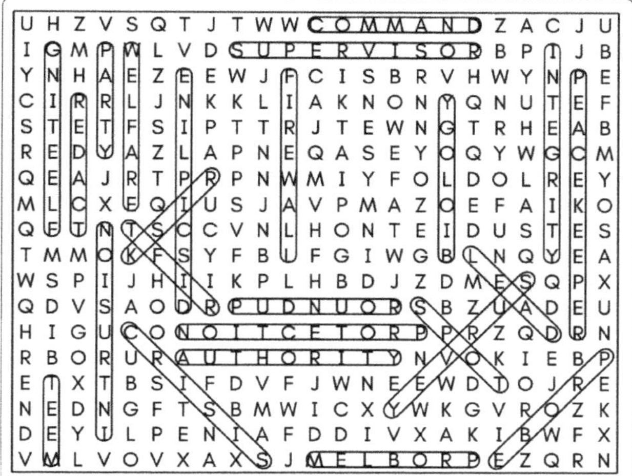

AUTHORITY	SURVEY	BIOLOGY
SPOT	DISCIPLINE	PROTECTION
RIFT	ROUNDUP	INTEGRITY
LEAD	WELFARE	INTRUSION
SUPERVISOR	PROBE	PROBLEM
FIREWALL	COMMAND	REDACT
PARTY	CRISIS	PEACEKEEPER
FLEETING	MEET	RISK

Puzzle # 10

VETERAN	ACADEMIA	EVENT
STALE	SEARCH	BLOOD
LAW	ADDICT	COMBAT
CODING	SURVEIL	INTRUSION
SOLIDARITY	RAID	SMILEY
OFFENDER	COMMITMENT	QUICK
SPADE	COMPLAIN	RIDDLE
SNARE	COLD	INJURY

Puzzle # 11

MARSHAL	TRAFFIC	RERUN
CATALOGUE	CYCLIST	INSPECTION
ORGANIZE	SPADE	RECRUIT
BULLET	VEHICLE	DEALER
VICTIMOLOGIST	LABWORK	STEALTH
FATIGUE	PURSUER	FIND
AMBUSH	TRADITION	HIGHWAY
COLLAR	MARK	BRIEF

Puzzle # 12

POLICEWOMAN	ETHICS	PREVENTION
FRAMINGHAM	LAWMAN	COURSES
ERROR	COMMUNICATE	CIVILIAN
BLUE	REENACT	BEHAVIOR
ORDERKEEPER	QUEER	UNDERCOVER
RELOAD	COMBATANT	ENIGMA
SWINDLE	PLEA	STRANGERS
TESTIFY	ZODIAC	STATUTE

Puzzle # 13

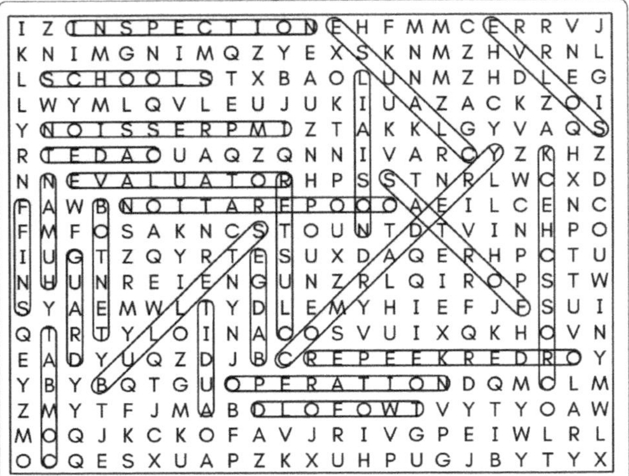

BADGE	INSPECTION	OPERATION
AUDIT	CADET	COOPERATION
HUMAN	CLUSTER	ORDERKEEPER
COMRADERY	TWOFOLD	FORTAS
GUARD	SOLVE	SNIFF
BOTNET	COMBAT	IMPRESSION
SCHOOLS	BULLETS	EVALUATOR
CROSSCHECK	LIAISON	CLAUSE

Puzzle # 14

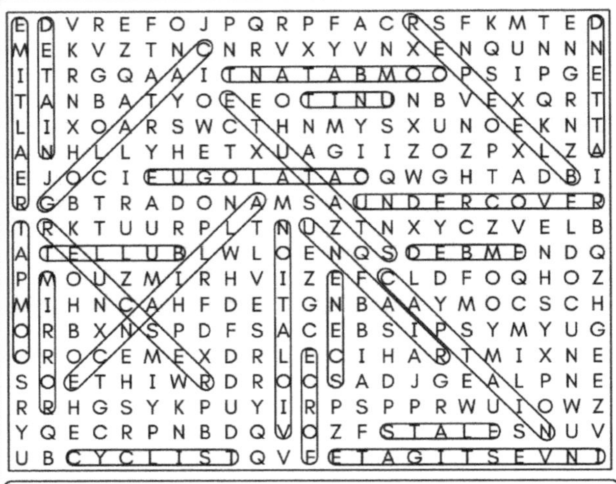

FORCE	SCENE	VIOLATION
CATALOGUE	RESCUER	CATALOG
ATTEND	STALE	CYCLIST
BULLET	BLEEPER	STATUTE
CAPTAIN	DETAIN	MIRROR
UNFAIR	COMBATANT	UNIT
INVESTIGATE	REALTIME	COMPAT
EMBED	UNDERCOVER	ALLIANCE

Puzzle # 15

WATCHMAN	SUBSTANCE	OUTREACH
STEREOTYPING	COMMISSIONER	TORN
MEETING	DETERRENT	ANALYST
DUST	LAW	SHOOT
CLUE	TWOFOLD	INSPECT
PROSECUTOR	DECIPHER	SNIFF
PRETEXTS	COMPLAIN	AUTHENTICATE
JOGGER	CALM	GPS

Puzzle # 16

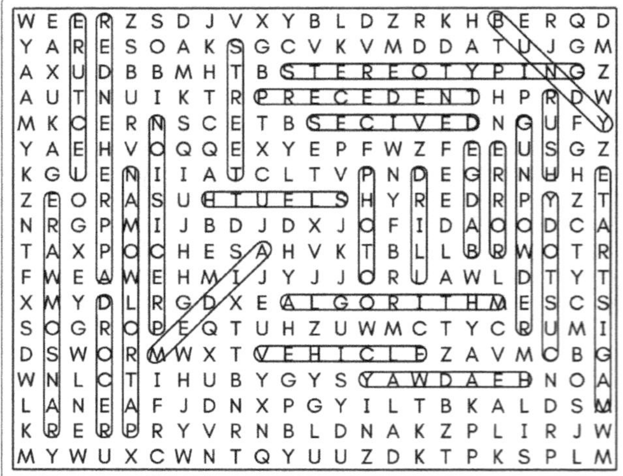

BADGE	DRILL	PRECISION
RANSOMWARE	CUSTODY	LECTURE
VEHICLE	STEREOTYPING	PATROLWOMAN
SLEUTH	ERROR	PRECEDENT
MAGISTRATE	PHOTO	RUSH
MEDIA	APPREHENDER	RECORD
HEADWAY	DEVICES	STREET
GUNPOWDER	BUNDY	ALGORITHM

Puzzle # 17

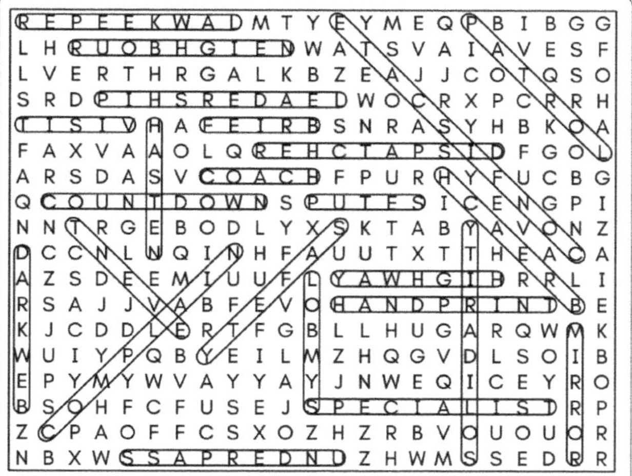

DISPATCHER	SOLIDARITY	UNDERPASS
SETUP	LAWKEEPER	SAFETY
VISIT	COUNTDOWN	PATROL
SYMBOL	NEIGHBOUR	CONFISCATE
HIGHWAY	HANDPRINT	EVENT
DARKWEB	COACH	SPECIALIST
HASTEN	COMPLAIN	LEADERSHIP
BREACH	MIRROR	BRIEF

Puzzle # 18

AUTHORITY	RECRUIT	COOPERATION
PURSUIT	SERVICE	BEAT
HOUND	POSTMORTEM	RANK
SPAN	PATTERN	OJSIMPSON
STATION	ROUTE	CROSSCHECK
DISTRIBUTION	TRAINER	TRAINEE
COLLAR	BRACE	MARSHAL
TACTICAL	ASSOCIATION	UNFAIR

Puzzle # 19

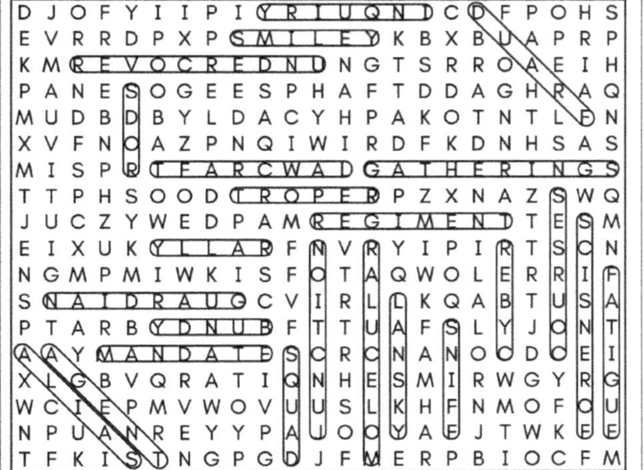

GUARDIAN	COURSES	MOLECULAR
LANSKY	SQUAD	INQUIRY
RODS	FRAUD	LAWCRAFT
FORENSICS	UNDERCOVER	MANDATE
AGENT	REPORT	ALIAS
FATIGUE	JUNCTION	SNIFF
BUNDY	CYBER	REGIMENT
RALLY	SMILEY	GATHERINGS

Puzzle # 20

LEADER	COURSES	TACTICS
INFORMANT	LAWKEEPER	DELVE
HITMAN	PENETRATE	PROTECT
CRIME	SPEED	ALIAS
VENDORS	XRAY	SPOT
FOYLE	BUSTLE	DATABASE
GUNFIRE	OFFENDER	COACH
RAID	RODS	COURT

Puzzle # 21

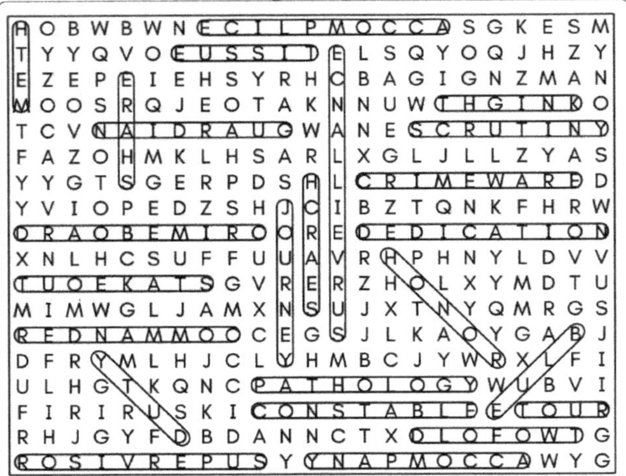

DUTY	SURVEILLANCE	BLUE
ACCOMPANY	HONOR	COMMANDER
SCRUTINY	STAKEOUT	KNIGHT
SEARCH	CRIMEWARE	TISSUE
GUARDIAN	TOUR	CRIMEBOARD
PATHOLOGY	CONSTABLE	JOURNEY
TWOFOLD	METH	SUPERVISOR
DEDICATION	ACCOMPLICE	SHARE

Puzzle # 22

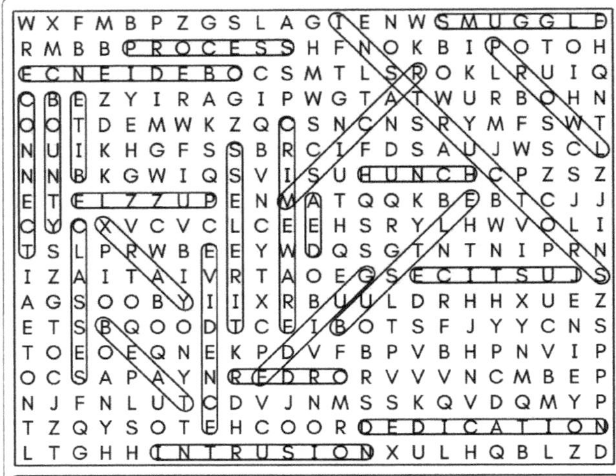

ORDER	BUSTLE	HUNCH
PROCESS	BOUNTY	CLASSES
XRAY	DEA	BEAT
INSTRUCTORS	CRIMEWARE	SMUGGLE
TIRELESS	DEDICATION	OBEDIENCE
INTRUSION	PROWL	EVIDENCE
BITE	JUSTICE	GUIDE
PUZZLE	CONNECT	RACISM

Puzzle # 23

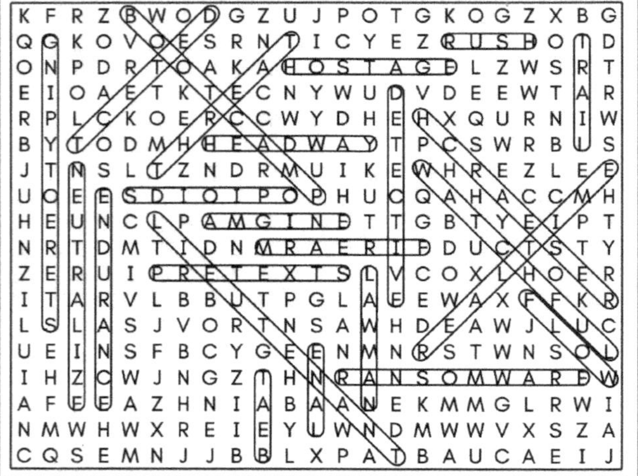

LAWMAN	BOOTCAMP	DETECT
OPIOIDS	LIEUTENANT	ENDURANCE
FLOW	RANSOMWARE	DETECTIVE
WATCHFUL	RUSH	STEREOTYPING
BEAT	ENIGMA	HEADWAY
FIREARM	LANE	HOSTAGE
RESEARCH	THREAT	TRAIL
NEUTRALIZE	PRETEXTS	REALTIME

Puzzle # 24

CADET	LECTURE	EMBED
ACCURACY	CIVILIAN	SACRIFICIAL
PROBING	PLEA	CONSULTANT
HOUND	STUDY	TRAUMA
COMMANDER	BENCH	PLACEMENT
INJURY	ROAM	HANDPRINT
RODS	TRACKING	SECTOR
HANDLER	MANSON	INCIDENT

Puzzle # 25

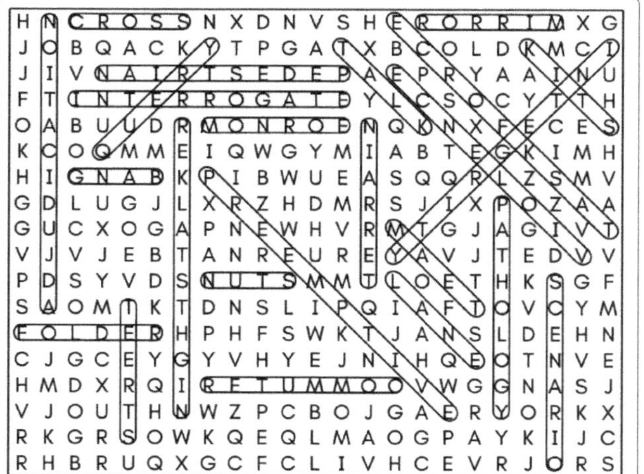

INTEGRITY	QUERY	COMMUTER
NIGHTSTALKER	TERRAIN	FOLDER
MIRROR	MONROE	STREET
TEAM	CROSS	TALK
LANE	BANG	INTERROGATE
ADJUDICATION	PEDESTRIAN	TASKFORCE
PATHOLOGY	PREEMPTIVE	SCENARIO
STUN	KITS	VIOLENCE

Puzzle # 26

DUTY	STREET	DUST
INVENTORY	SHIELD	LANE
HELP	NIGHTSTALKER	STATION
LEADERSHIP	SWIFT	CARTEL
LEADER	SUPPORT	CLANDESTINE
TRAUMA	RECRUIT	DOSSIER
CATALOGUE	CORRUPTION	SWEEP
RESOLUTION	TRANSPORT	CALL

Puzzle # 27

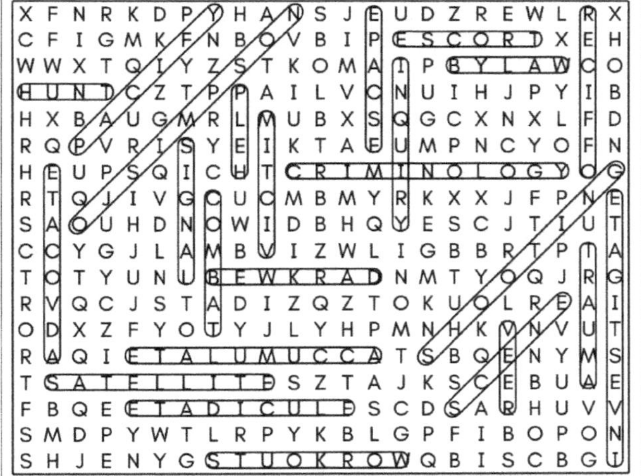

OFFICER	SHOOTING	ACCUMULATE
INVESTIGATE	CRIMINOLOGY	VICTIM
SIGNAL	OJSIMPSON	ADVOCATE
ELUCIDATE	BYLAW	DARKWEB
ESCORT	HUNT	VEER
PACIFY	WORKOUTS	INQUIRY
HELP	TRAUMA	COMBAT
SCENE	ESCAPE	SATELLITE

Puzzle # 28

AUTHORITY	GLOVE	SEAL
INSIGHT	NEIGHBORS	RAID
OJSIMPSON	GRIEVANCE	DORM
HELICOPTER	SMILEY	MEDIA
DNA	SCRUTINIZE	MONROE
CYBER	MATCH	CENSUS
CANNABIS	REALTIME	CODING
SPECTRUM	METH	STORIES

Puzzle # 29

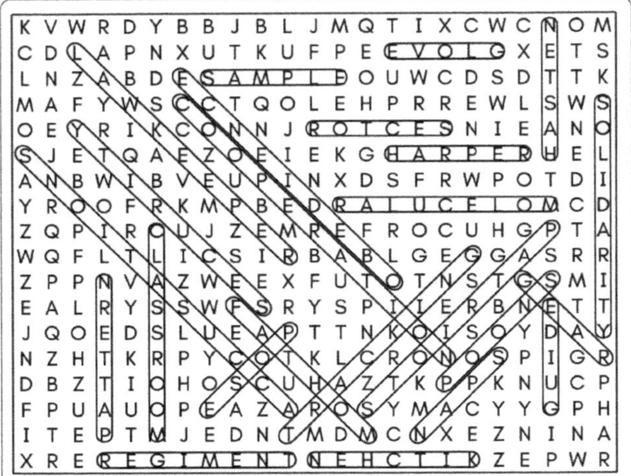

LAWKEEPER	CLASSROOM	FATHOM
HASTEN	SPAN	SOLIDARITY
PATTERN	MOLECULAR	GUIDE
COOPERATION	SAMPLE	POSE
SECTOR	SECURITY	GLOVE
HARPER	KITCHEN	PATRIOTS
GEAR	ACCUSATIONS	REGIMENT
SNOOP	OBEDIENCE	TRACKING

Puzzle # 30

NARCOTICS	CATALOG	EDUCATOR
PRETEXTS	LIEUTENANT	ARMOR
VEHICLE	STEALTH	SERGEANT
TEAM	TRACK	MAGNUM
EXAMINER	GUARDRAIL	TRAJECTOR
CYBERCRIME	LOYALTY	TOLL
TURMOIL	STATUTE	COMMUNITY
PREVENTION	METHOD	THREAT

Puzzle # 31

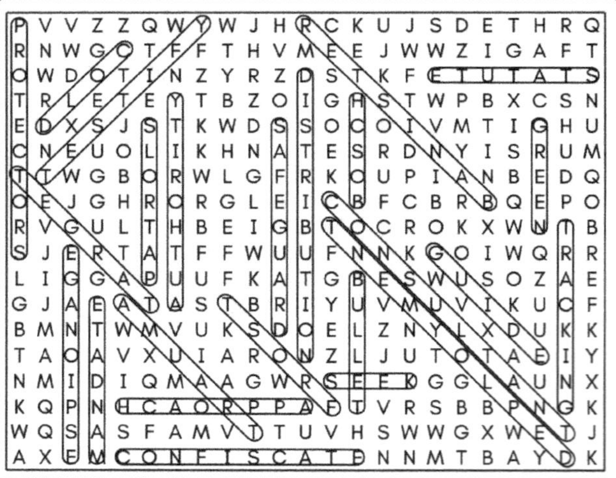

MARSHAL	PRIDE	CANINECORP
ADDICT	CRIMEFIGHTER	RIDDLE
DIVERT	CALM	POSSE
SPECIMEN	BLOCK	AIM
HIGHWAY	AUTOPSY	DIRECTION
PROSECUTOR	COMPAT	CLOTHING
PATDOWN	PREEMPTIVE	DEPRIVATION
IMPRESSION	WITNESS	OVERWATCH

Puzzle # 32

AUTHORITY	PROTECTORS	ESPIONAGE
DISTRIBUTION	CONSULTANT	TESTIFY
GREEN	CONFISCATE	SAFEGUARD
BULLET	FROST	MANDATE
SEEK	TARGET	BOSCH
STATUTE	GUIDE	DEPLOYMENT
BANISTER	TRAUMA	PATROLS
APPROACH	COLD	TRACKING

Puzzle # 33

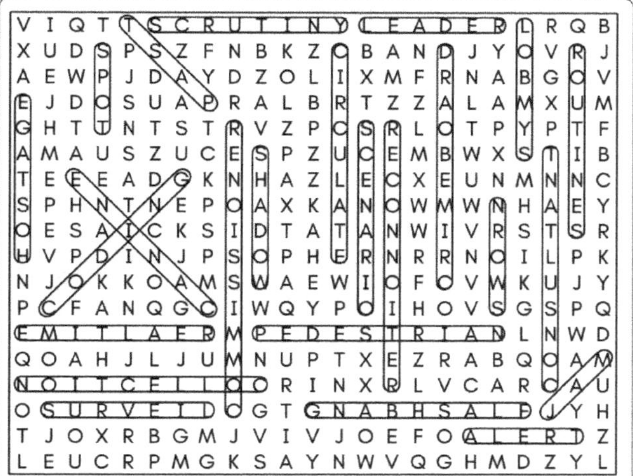

LEADER	PEDESTRIAN	CODING
JAM	SWORN	SCENARIO
CRIMEBOARD	SPOT	COMMISSIONER
SYMBOL	HOSTAGE	SURVEIL
CONSULTANT	SHADOW	FLASHBANG
REALTIME	RECONNOITER	SCRUTINY
CANINE	ROUTINES	CIRCULATE
COLLECTION	ALERT	PAST

Puzzle # 34

LIFESAVER	CRIMEKIT	VEHICLE
ACCURACY	ALLEY	CRIMEBOARD
GUNFIRE	BRACE	LANE
CRATE	TOXICOLOGY	UNSUPPORTED
CODE	SIGNAL	RODS
BODYCAM	ELUCIDATE	SCHOOLS
AMBUSH	GPS	INQUIRY
RAPID	COLUMBO	CALL

Puzzle # 35

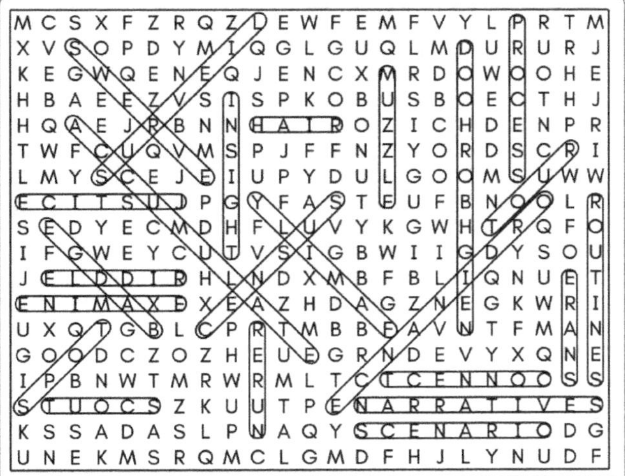

BADGE	EXAMINE	NEIGHBORHOOD
PROCESS	SCOUT	HAIR
CONNECT	INSIGHT	TOUR
ACCUMULATE	SWERVE	ORDINANCE
SCENARIO	MUZZLE	SPOT
JUSTICE	FAMILY	SNARE
SURVEIL	ROUTINES	RIDDLE
RERUN	CENSUS	NARRATIVES

Puzzle # 36

ENFORCER	CODE	FRIEND
METH	CORONER	TRACE
DATA	ENCRYPTION	COMBATANT
IDENTITY	PROCESS	POSITION
PURSUER	RESOLUTION	OJSIMPSON
UNSUPPORTED	RECON	CLOTHING
MONROE	RACISM	SIMULATION
EGRESS	BANISTER	PREDICTIVE

Puzzle # 37

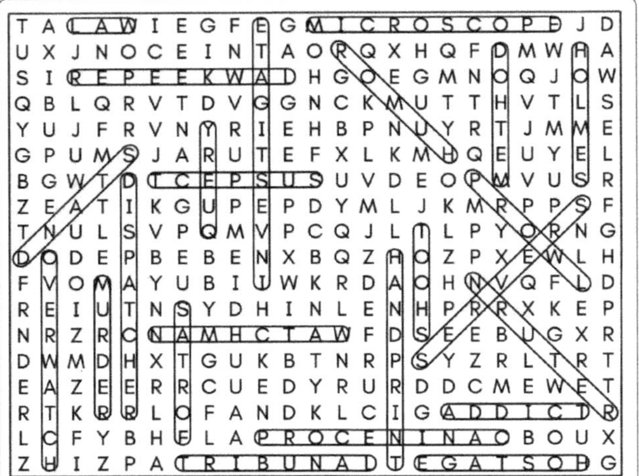

DISPATCHER	QUERY	INVESTIGATE
SHOOT	LAWKEEPER	MICROSCOPE
METHOD	STAND	WATCHMAN
HANDPRINT	FORTAS	TRIBUNAL
PROWL	HOSTAGE	MURDER
HUMOR	SUSPECT	CANINECORP
ADDICT	OVERWATCH	HOLMES
LAW	SERVERS	RETURN

Puzzle # 38

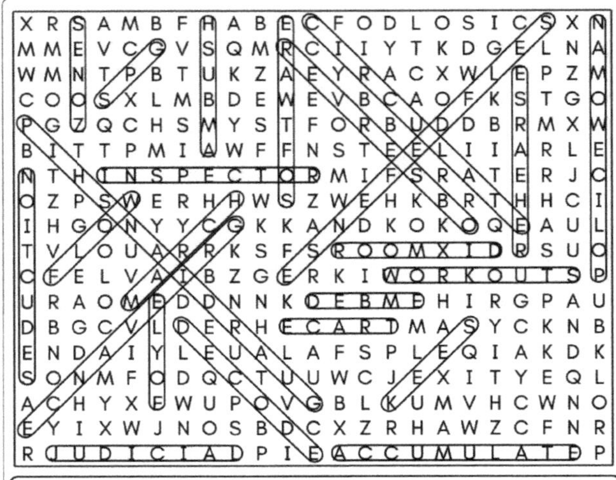

POLICEWOMAN	SELFDEFENSE	OBSERVER
FOYLE	INSPECTOR	GUARDIANSHIP
EMBED	SEDUCTION	SEEK
TRACE	FLOW	GRIEVANCE
CIRCULATE	DECODE	ZONES
JUDICIAL	MARCH	ACCUMULATE
AMBUSH	SOFTWARE	WORKOUTS
REHEARSE	DIXMOOR	GPS

Puzzle # 39

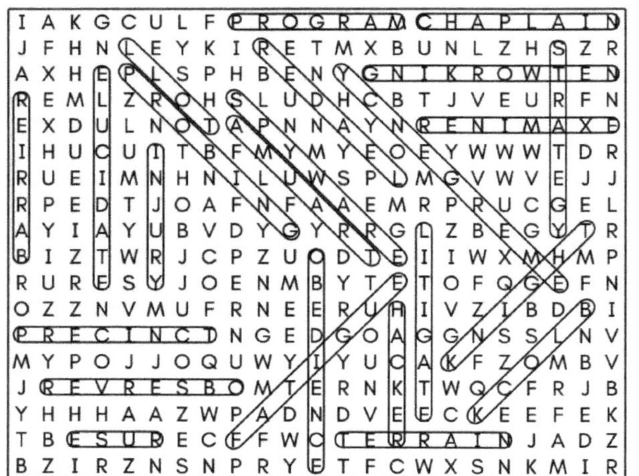

KNIGHT	STRATEGY	PROBING
SPYWARE	LEADER	NETWORKING
TOLL	LITIGATE	EXAMINER
BARRIER	PROGRAM	EMERGENCY
CHAPLAIN	ELUCIDATE	BLOCK
FATIGUE	TERRAIN	OBSERVER
RUSE	TRAUMA	PRECINCT
OBEDIENCE	HACKER	INJURY

Puzzle # 40

WATCHMAN	SLEUTH	CRATE
ENFORCEMENT	CORONER	FIBER
SCHOOLS	BOTNET	ARBITRATOR
SKETCH	WORK	LOAD
SURVEY	XRAY	PURSUIT
PROSECUTOR	HANDBOOK	MICROSCOPE
REENACT	STATUTE	UNSOLVED
KINETIC	PLACEMENT	EMERGENCY

Puzzle # 41

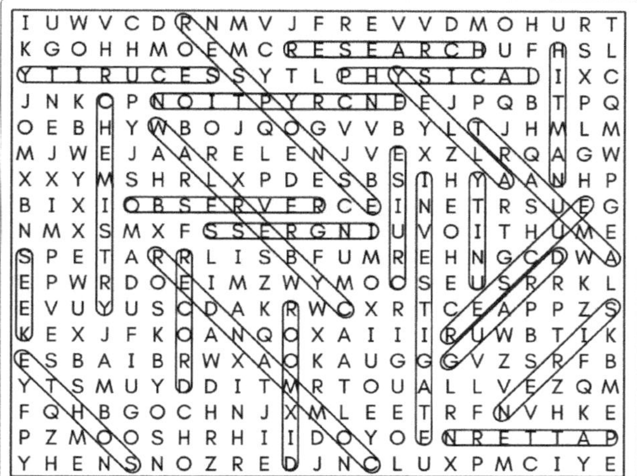

RESCUE	PHYSICAL	HITMAN
DIXMOOR	COMMANDER	UNITY
OBSERVER	ENCRYPTION	SEEK
SECURITY	INGRESS	CYBERLAW
GUARD	PATTERN	SIREN
RESPONSE	CRUISE	RECORD
INVESTIGATE	TRAUMA	ALLEY
CHEMISTRY	RESEARCH	ETHOS

Puzzle # 42

SERGEANT	ELITE	DATA
GOVERNANCE	PURSUER	DETECT
ARREST	UNSUPPORTED	QUEST
CANINECORP	POSITION	RACISM
REVISIT	RALLY	OFFENDER
ROUTINES	SUBURB	HASTEN
INSIGHT	STORIES	SNOOP
COUNTDOWN	LEGISLATION	ALLIANCE

Puzzle # 43

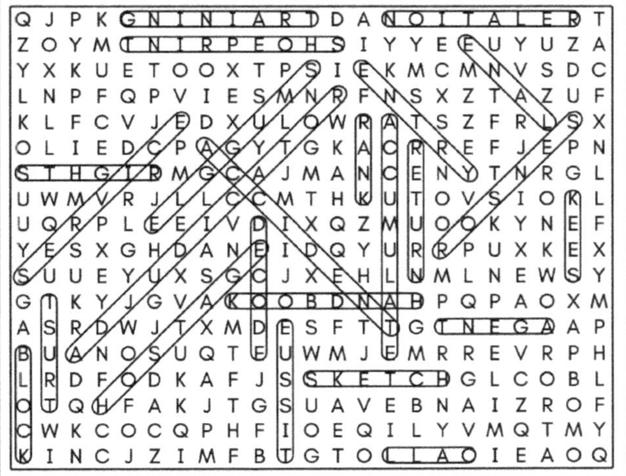

SERVICE	HANDBOOK	ACCUMULATE
TISSUE	RANK	TRAINING
ENTRY	SMUGGLE	AGENT
TRUST	HOSTAGE	RIGHTS
ADJUDICATOR	DECODE	ACCIDENT
SENSOR	SEEK	SKETCH
BLOCK	CALL	LANE
SHOEPRINT	RELATION	RETURN

Puzzle # 44

DEPARTMENT	HUNCH	PURSUIT
HACKER	HOMICIDE	SNIPER
VEHICLE	FRAUD	BOUNTY
REINFORCE	SPIN	TRIGGER
SWEEP	TASKFORCE	QUESTION
AIM	SCHEDULE	ATTEND
DATA	MEDIA	COMMUNITY
FRIEND	DILLINGER	BAR

Puzzle # 45

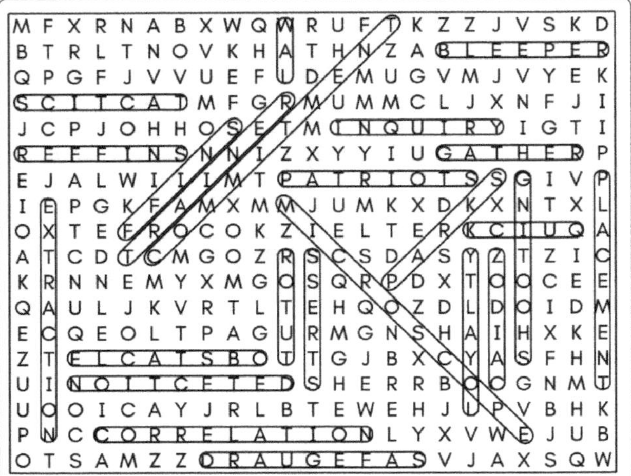

TRAINER	COMMITMENT	TACTICS
LAW	SAFEGUARD	OBSTACLE
QUICK	BLEEPER	PARKS
PATRIOTS	GATHER	CORRELATION
TUTOR	DETECTION	EXTRACTION
PLACEMENT	SHOOTING	INQUIRY
SNIFFER	ZODIAC	LOYALTY
MICROSCOPE	SNIFF	STRESS

Puzzle # 46

SERVICE	BUSTLE	ELITE
CHECKMATE	LAWMAN	GRADUATION
VIOLATION	POSE	STATION
BOOTCAMP	CONNECT	OUTLAW
CORONER	PROBE	ESCAPE
REDISCOVER	COMMANDER	ACADEMIA
SURVEIL	ACCURACY	QUEST
RAID	QUESTION	OVERTIME

Puzzle # 47

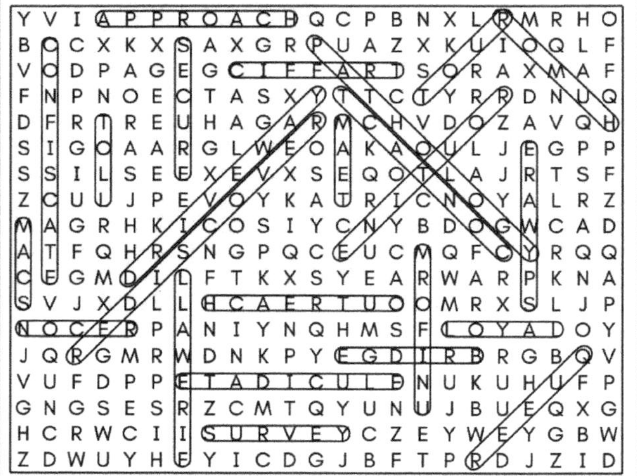

UNIFORM	QUEER	DRIVEWAY
REDISCOVER	ROUTINE	ELUCIDATE
OUTREACH	CONFISCATE	TOUR
TEAM	CONTACT	SCAM
RECON	SECURE	BRIDGE
SPYWARE	SURVEY	LOYAL
APPROACH	FIREWALL	TRAFFIC
TOLL	PATHOLOGY	HUMOR

Puzzle # 48

DEFENDER	SHOOTING	TASKFORCE
STUDY	TIRELESS	WATCHFUL
OBEDIENCE	QUIZ	SURVEY
INVESTIGATION	RETRIEVE	GOVERNANCE
EDUCATE	IDENTITY	LIGHT
VIOLENCE	CAMP	SPECIMEN
ESCAPE	START	COACH
DETAIN	CORRELATION	OVERWATCH

Puzzle # 49

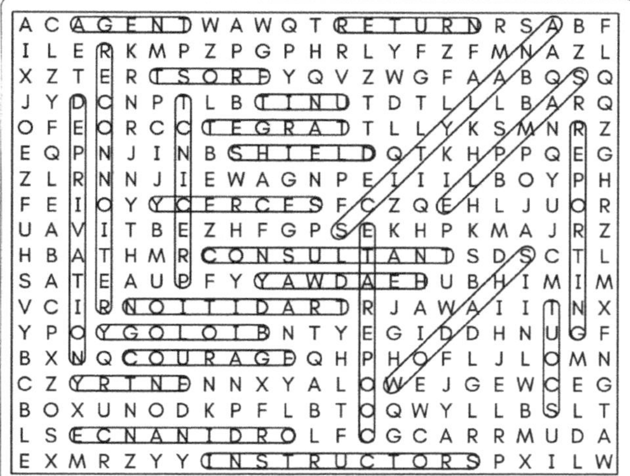

COURAGE	PRECINCT	ENTRY
COOPERATE	SHIELD	INSTRUCTORS
TARGET	ORDINANCE	AGENT
DEPRIVATION	UNIT	REPORTING
CONSULTANT	SHADOW	HEADWAY
ANALYTICS	SCOUT	SAMPLE
SECRECY	TRADITION	RECONNOITER
BIOLOGY	FROST	RETURN

Puzzle # 50

TRAINER	STRATEGY	FLASHBANG
COOPERATE	ANALYST	LOYALTY
BRIDGE	ACCURACY	PROFILER
SUSPECT	REMOVAL	RANGE
SENTRY	UNSOLVED	PROCESS
STATUTE	SURVEY	DATABASE
RANSOMWARE	FAILED	BUSTLE
HELMET	DEFUSE	ALLIANCE

Puzzle # 51

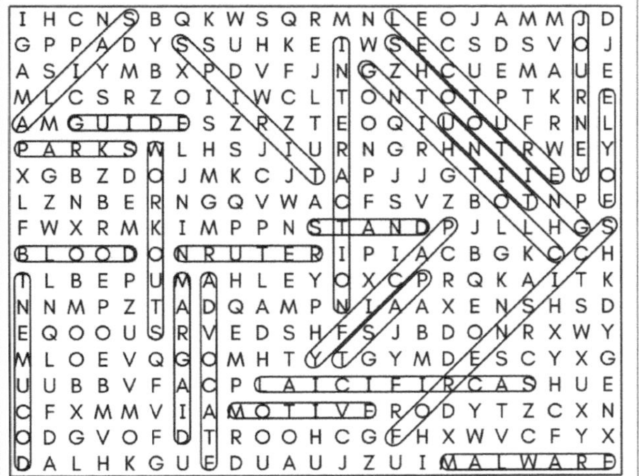

ADVOCATE	JOURNEY	CLOTHING
FOYLE	GUIDE	SACRIFICIAL
DOCUMENT	MALWARE	PARKS
MOTIVE	UNIT	PACIFY
LECTURE	BLOOD	INTERACTION
STAND	WORKOUTS	DIAGRAM
SPIRIT	PAST	SHOOTING
FORENSICS	ALIAS	RETURN

Puzzle # 52

FORCE	COMPANION	OVERLOOK
FILE	DETECTIVE	SLEUTH
CONTACT	BUNDY	ADVOCATE
SAMPLE	ATTEND	LANSKY
ARBITRATOR	STORE	PATHOLOGY
DRUG	PEDESTRIAN	CRASH
PRESERVATION	PACIFY	CLASSROOM
GRIDLOCK	CAMOUFLAGE	RIGHTS

Puzzle # 53

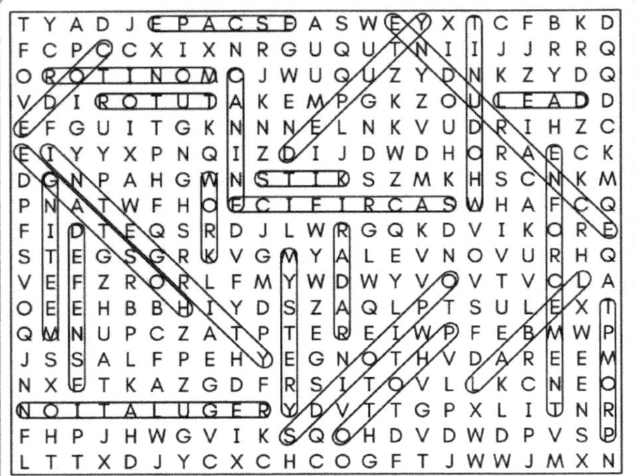

INTEGRITY	SACRIFICE	HOSTAGE
KITS	DEPUTY	CODE
CANINE	LABEL	MONITOR
LEAD	RADAR	ENFORCEMENT
TUTOR	MYSTERY	MEETING
OPIOIDS	ENDURANCE	WHODUNIT
WORK	PROMPT	DEFENSE
PHOTO	ESCAPE	REGULATION

Puzzle # 54

SQUAD	MISSION	ACADEMIA
FASTER	WARDEN	PUBLIC
FOLDER	PATHOLOGY	FORGER
COMMUTERS	CLOTHING	FOYLE
ARCHIVER	CLASSES	CHEMISTRY
MEDIATE	VICTIMOLOGIST	SHOOTING
EQUIPMENT	TALK	INTERROGATOR
PUZZLE	MUZZLE	ANALYTICS

Puzzle # 55

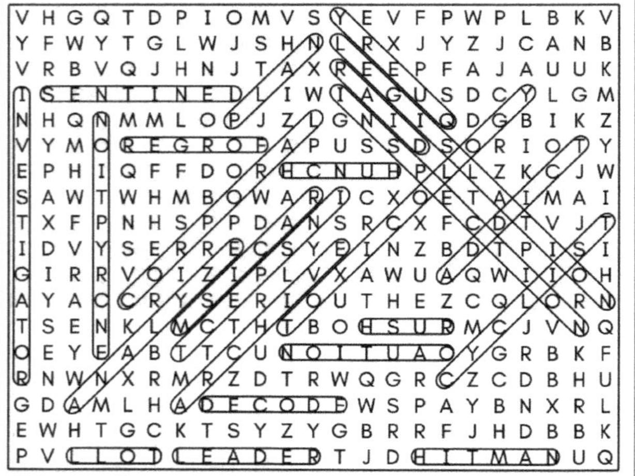

LEADER	INSPECTION	PLAN
ARCHIVE	INVESTIGATOR	QUERY
HITMAN	ADDICT	CYCLIST
DECODE	TOLL	ENCRYPTION
CORPORAL	HUNCH	RUSH
LEGISLATION	FORGER	ANALYZE
INSPECT	CAUTION	SENTINEL
RAID	TOXICOLOGY	RACISM

Puzzle # 56

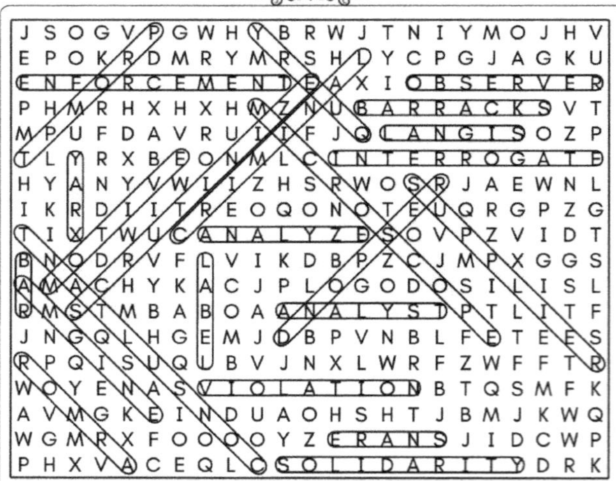

ANALYST	ENIGMA	RESPOND
LABEL	CONSULTANT	ANALYZE
SNARE	ENFORCEMENT	BARRACKS
XRAY	SIGNAL	SUPPLIER
SOLIDARITY	MICROSCOPE	VIOLATION
PROMPT	MOTIVE	ARMOR
SCRUTINIZE	CRIMINAL	QUERY
OBSERVER	INTERROGATE	BAR

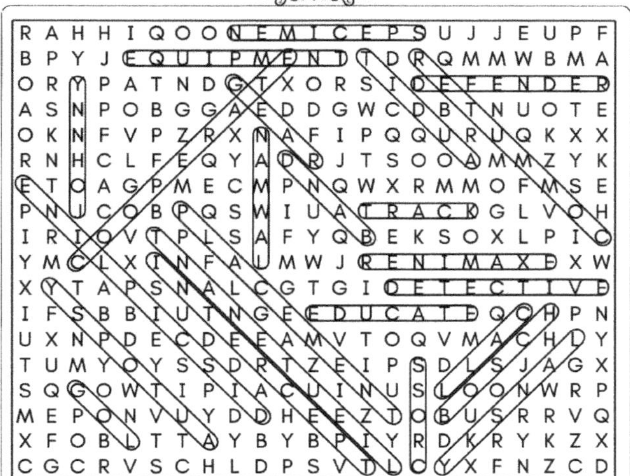

Puzzle # 57

DISCIPLINE	EDUCATE	BAND
LOG	LAWMAN	SPECIMEN
TRACK	LANSKY	DEFENDER
AUTOPSY	CROSS	JOHNNY
LIEUTENANT	EQUIPMENT	INTERCEPT
BOSCH	DETECTIVE	GEAR
AUDIT	COOPERATE	EXAMINER
COMMUTER	PLACEMENT	CALL

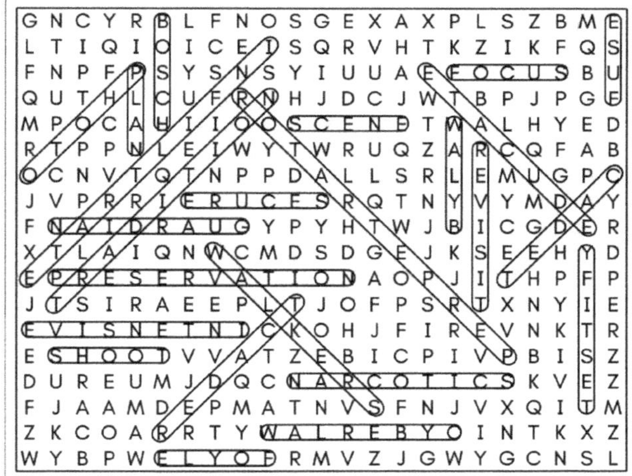

Puzzle # 58

GUARDIAN	PERPETRATOR	PLAN
BOSCH	NARCOTICS	REDACT
BYLAW	CYBERLAW	CADET
SCENE	FUSE	INTENSIVE
REVISIT	PHOTO	PRESERVATION
SHOOT	WALKERS	TESTIFY
INFILTRATE	FOCUS	EDUCATE
SECURE	FOYLE	TRADITION

Puzzle # 59

PATROLMAN	LOYALTY	CONDUCTOR
PENETRATE	INTERROGATOR	SOLVE
PARTY	MURDER	SCOUT
CLOTHING	SWIFT	CYBERLAW
INSTRUCTION	CODING	INVESTIGATE
INSIGHT	SCHEDULE	DEPLOYMENT
PATHOLOGY	STRESS	ETHICS
SHELTER	PRESERVATION	PAST

Puzzle # 60

ROOKIE	SPECIMEN	DETAIN
FRAUD	COMBATANT	TESTIFY
BITE	COMMIT	DRILL
DOCUMENT	VISIT	RELOAD
PRACTICE	CHEMISTRY	ASSOCIATION
ESSENTIAL	FORENSIC	CODING
INSPECT	TRACKING	CRIME
WEAPON	CHECK	ALLIANCE

Puzzle # 61

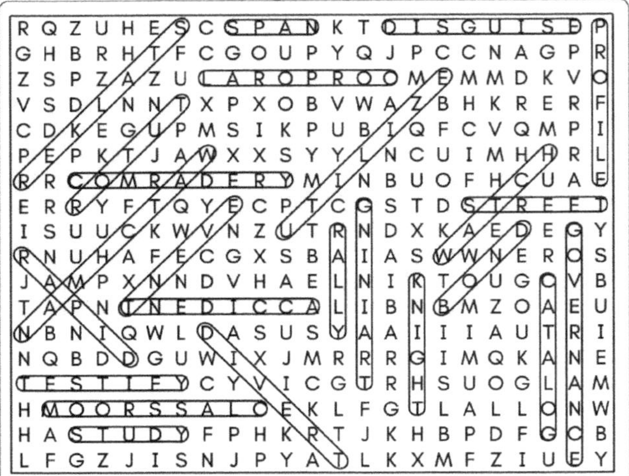

KNIGHT	STREET	PROFILE
RALLY	WATCHMAN	TUTOR
CATALOG	RAPID	CORPORAL
CLASSROOM	TESTIFY	STUDY
STALKER	TRAINING	DIVERT
DISGUISE	WATCH	BOND
ACCIDENT	UTILIZE	SPAN
COMRADERY	EVENT	GOVERNANCE

Puzzle # 62

SHIELD	INTERROGATOR	ACCOMPLICE
AIM	BROTHERHOOD	RECON
CENSUS	JUSTICE	INVESTIGATOR
TRACE	DATA	CLAUSE
SWORN	TACTICS	ROUNDUP
POLICY	SHERIFF	PLAN
DIXMOOR	JARGON	HUNTER
SNIFFER	NEGOTIATOR	STORIES

Puzzle # 63

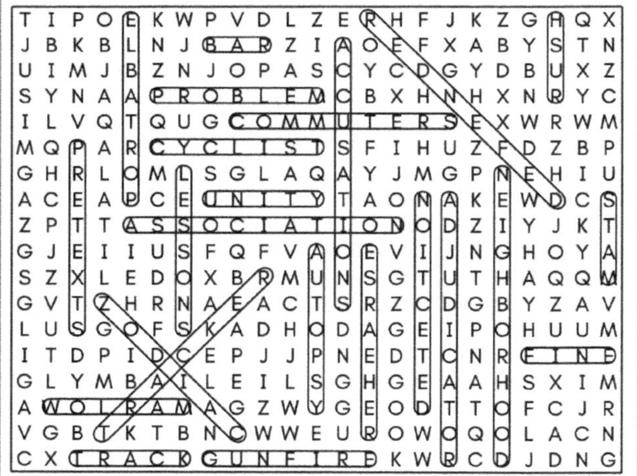

DEFENDER	UNITY	PROBLEM
ZODIAC	CYCLIST	DETECTION
ASSOCIATION	MARLOW	TRACKER
AUTOPSY	TRACK	ACCUSATIONS
ADJUDICATOR	REHEARSE	RUSH
PORTABLE	COMMUTERS	FINE
GUNFIRE	BAR	LESSONS
NEIGHBORHOOD	PRETEXTS	MATS

Puzzle # 64

DUTY	CATALOG	TRACK
DILLINGER	SQUAD	HOSTAGE
INVESTIGATE	DRUG	AGENT
OBSERVER	PURSUE	ENFORCEMENT
ARBITRATOR	RERUN	POSE
CONFISCATE	ENDURANCE	OVERLOOK
RUSE	REVOLVER	HOUND
PROBLEM	OUTLAW	RISK

Puzzle # 65

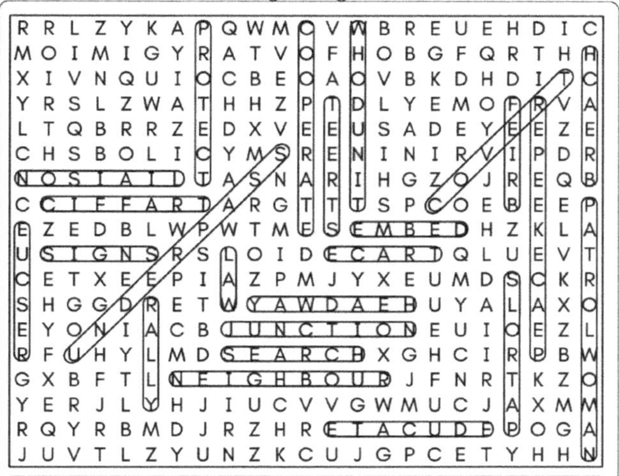

RESCUE	STREET	COVERT
LAW	PEACEKEEPER	JUNCTION
BREACH	LIAISON	PATROLWOMAN
TRAFFIC	EMBED	RALLY
SEARCH	EDUCATE	SIGNS
HEADWAY	PROTECT	TRACE
UNDERPASS	COOPERATE	PATROLS
WHODUNIT	NEIGHBOUR	BRIEF

Puzzle # 66

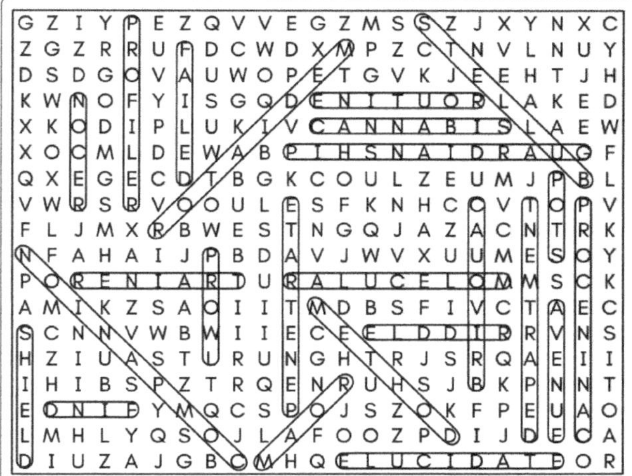

SHIELD	ROAM	RIDDLE
METHOD	DEPARTMENT	PROWL
ELUCIDATE	MOLECULAR	TRAINER
RECON	FIND	PENETRATE
PROFILER	AVENUE	CANINECORP
CANNABIS	MEDIATOR	COMPANION
STOP	BULLETS	ROUTINE
GUARDIANSHIP	BRIVOUAC	FAILED

Puzzle # 67

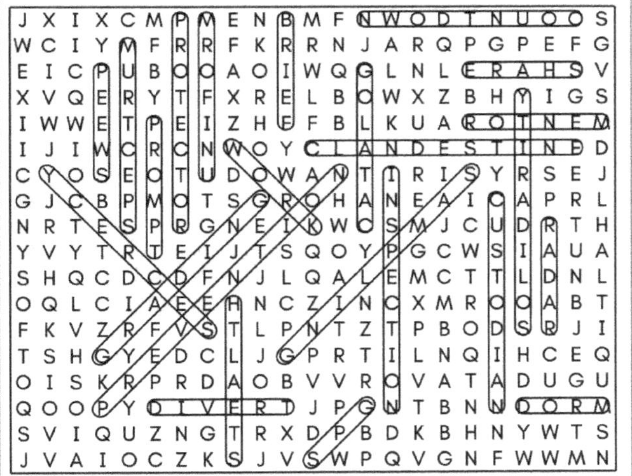

UNIFORM	INSPECTION	PREVENTION
STEALTH	MENTOR	GRADING
WORK	CLANDESTINE	PROTECTOR
SOLIDARITY	COUNTDOWN	PROMPT
CUSTODIAN	CATALOG	SAMPLING
GPS	SWEEP	RADAR
SPECTRUM	SHARE	DORM
DIVERT	SECRECY	BRIEF

Puzzle # 68

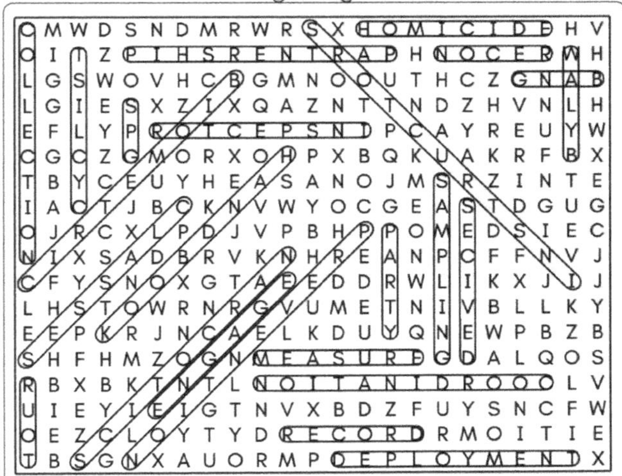

HOMICIDE	CLASSES	COORDINATION
PARTY	NARCOTICS	HANDBOOK
BANG	MEASURE	CYCLIST
INSTRUCTORS	DEPLOYMENT	SAMPLING
INSPECTOR	PARTNERSHIP	BYLAW
GPS	TOUR	COLLECTION
PREVENTION	DEVICES	RECON
RECORD	ENGAGE	BIOMETRIC

Puzzle # 69

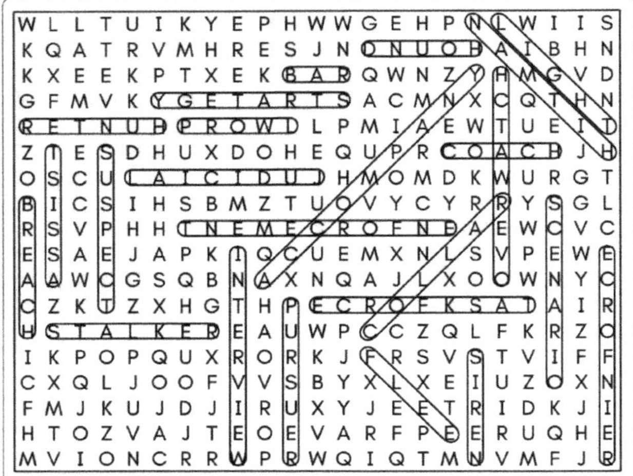

HUNTER	STRATEGY	HITMAN
INTERVIEW	STALKER	SUSPECT
COLLAR	ACCOMPANY	PURSUER
HOUND	ASSIST	ENFORCEMENT
PROWL	BREACH	LIGHT
JUDICIAL	SCENARIO	REINFORCE
FLEE	BAR	COACH
TASKFORCE	SIREN	OVERWATCH

Puzzle # 70

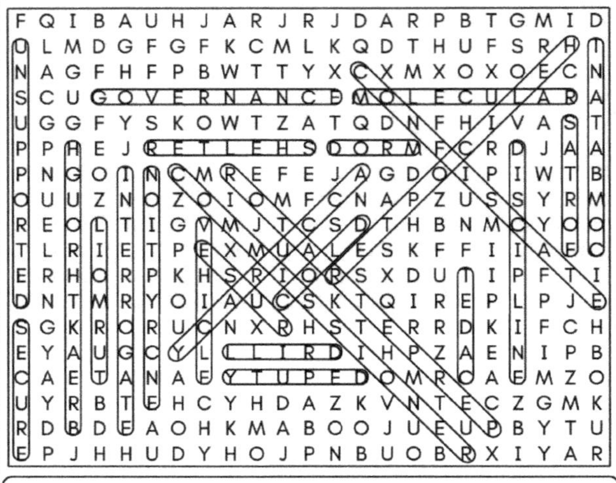

DISCIPLINE	DORM	TURMOIL
COLD	CADET	PERPETRATOR
HELICOPTER	CONFISCATE	DEPUTY
BREAKTHROUGH	INTERROGATE	ENCRYPTION
COMMISSIONER	SECURE	MOLECULAR
ACCURACY	COMBATANT	SHELTER
RUSE	GOVERNANCE	DRILL
VEHICLE	FORTAS	UNSUPPORTED

Puzzle # 71

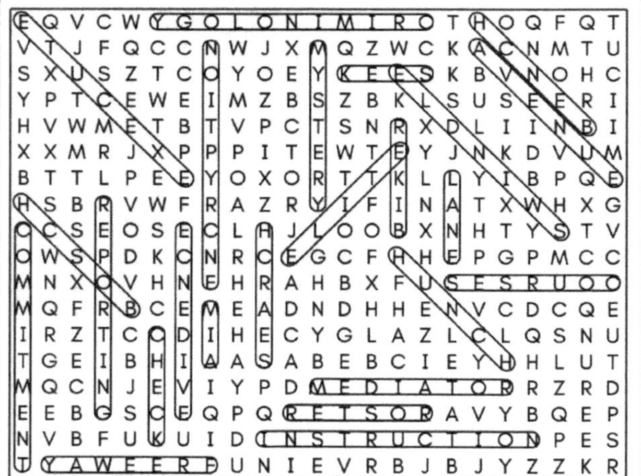

CRIMINOLOGY	INSTRUCTION	HUNCH
CHECK	MEDIATOR	COURSES
BENCH	SWINDLE	SEARCH
COMMITMENT	ELITE	BOSCH
SEEK	ROSTER	EXECUTE
ENCRYPTION	AVENUE	EVIDENCE
BIKER	AIM	LANE
MYSTERY	FREEWAY	REPORTING

Puzzle # 72

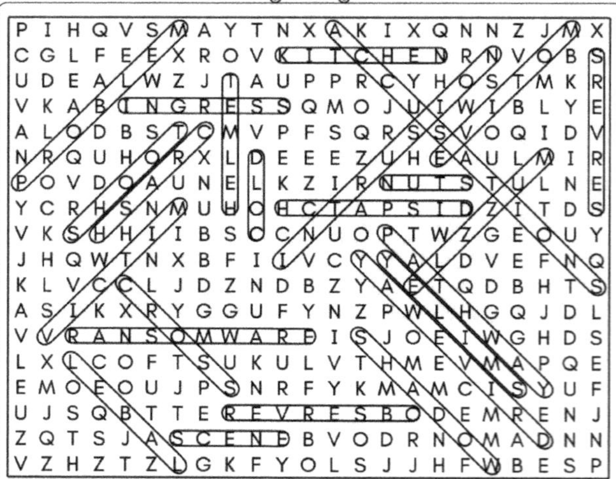

PATHWAY	HELMET	INGRESS
COLD	KITCHEN	STUN
PROBLEM	RANSOMWARE	MOTIVE
OBSERVER	CROSS	SERVERS
SHADOW	MUZZLE	DISPATCH
INTRUSION	VICTIM	CRASH
LABEL	SHOOT	SCENE
DRIVEWAY	SMILEY	ACCUSATIONS

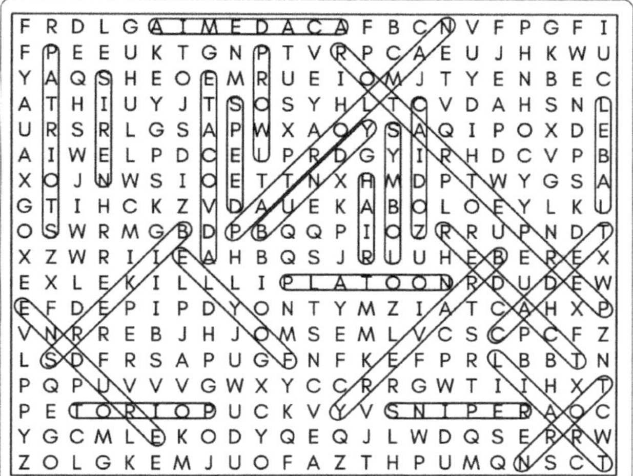

Puzzle # 73

PLATOON	BIKERS	ACADEMIA
SIREN	PATROLMAN	BRAVERY
REDACT	LABEL	CADET
SYMBOL	HAIR	ZODIAC
ADVOCATE	PATRIOTS	TORN
BUNDY	PROWL	POIROT
SNIPER	FOYLE	TRAIL
PERPETRATOR	SPEED	ENDURE

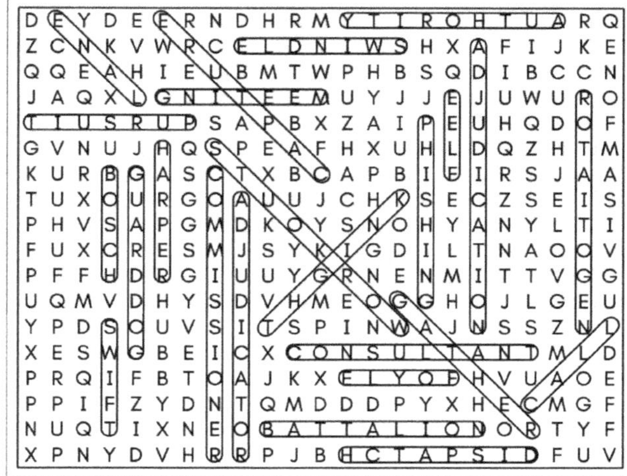

Puzzle # 74

AUTHORITY	LANE	FLEE
FOYLE	KNIGHT	WORKOUTS
CAPTURE	BOSCH	BATTALION
GATHER	SWIFT	PHISHING
COMMISSIONER	GUARDDOG	DISPATCH
NEGOTIATOR	CONSULTANT	MEETING
SWINDLE	ADJUDICATION	ADJUDICATOR
PURSUIT	HARPER	CALL

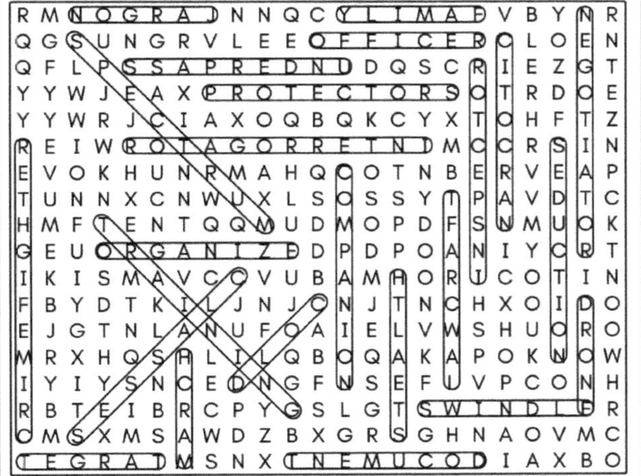

Puzzle # 75

OFFICER	CLASSES	TARGET
COLD	LAWCRAFT	TRAINING
UNDERPASS	NARCOTIC	INSPECTOR
FAMILY	ORGANIZE	NEGOTIATOR
CRIMEFIGHTER	COMPANION	SPECTRUM
SEDUCTION	INTERROGATOR	PROTECTORS
STEALTH	DRONE	MARCH
DOCUMENT	SWINDLE	JARGON

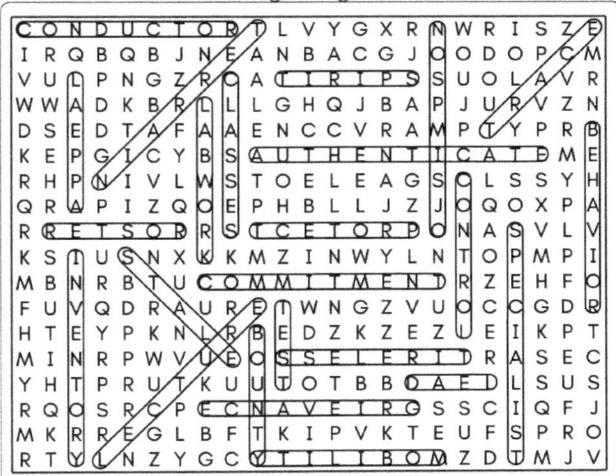

Puzzle # 76

BOUNTY	TEST	LABWORK
INVENTORY	TIRELESS	COMMITMENT
SPECIALIST	OJSIMPSON	PROTECT
ROSTER	MOBILITY	STALE
TERRAIN	LEAD	CONTROL
BEHAVIOR	CLASSES	TRACE
CONDUCTOR	APPEAL	LECTURE
AUTHENTICATE	SPIRIT	GRIEVANCE

Puzzle # 77

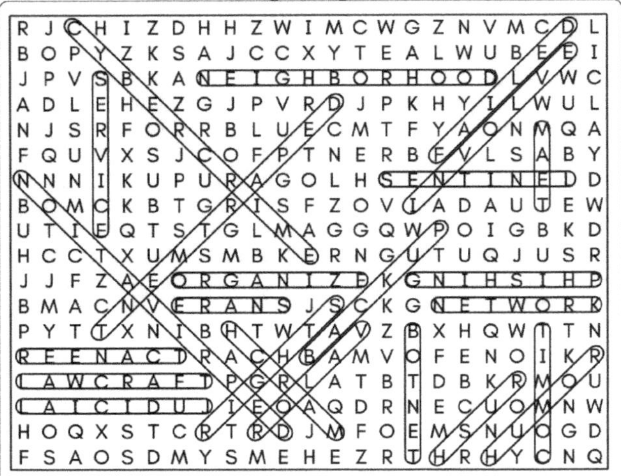

SERVICE	VALOR	ORGANIZE
NETWORK	DEPARTMENT	TEAM
RUSH	COMMIT	LAWCRAFT
BACKUP	REENACT	RIGHTS
SENTINEL	SNARE	CYBERCRIME
FAILED	MARCH	NEIGHBORHOOD
PHISHING	JUDICIAL	DEPRIVATION
INVOLVE	BOTNET	HUMOR

Puzzle # 78

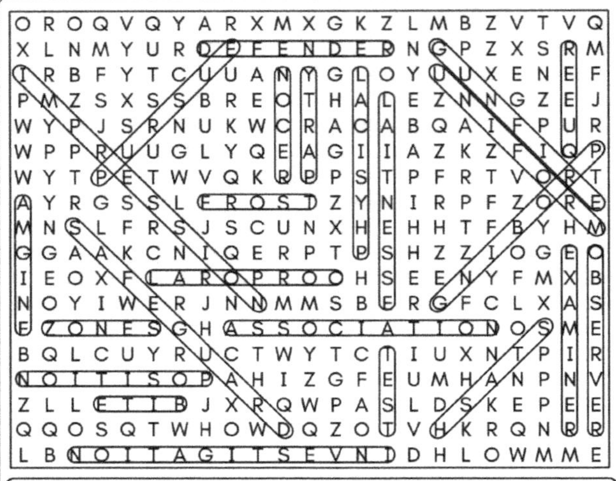

UNIFORM	PHYSICAL	OBSERVER
GUNFIRE	DEFENDER	TEST
BITE	PURSUE	CORPORAL
INVESTIGATION	PROBING	STASH
EXAMINER	QUEER	PARTY
FROST	RECON	ENIGMA
ZONES	POSITION	SAFEGUARD
IMPRESSION	ASSOCIATION	ESSENTIAL

Puzzle # 79

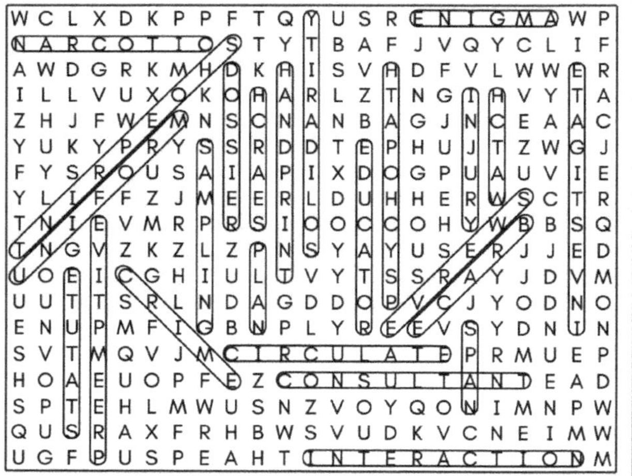

UNIFORM	SOLIDARITY	PLAN
NARCOTIC	CONSULTANT	DOSSIER
INTERACTION	PSYCHOPATH	WATCH
ENIGMA	EDUCATOR	BRACE
SEARCH	CRIME	SWERVE
STATUTE	SPAN	HANDPRINT
INVESTIGATE	PREEMPTIVE	CIRCULATE
SHOEPRINT	SAMPLING	INJURY

Puzzle # 80

SERVICE	PUBLIC	RERUN
CLUSTER	ORDERKEEPER	ANALYSIS
INTERSECTION	RODS	PURSUER
SLEUTH	FREEWAY	INFILTRATE
SAFEGUARD	FOLDER	LAW
CAUTION	PRECINCT	EQUIPMENT
SPIRIT	RACISM	SUBURB
SECURE	HELICOPTER	SCANNERS